河北省社会科学基金项目

U0869089

公安院校思想政治教育研究

赵 炜 著

哈爾濱工程大学出版社
Harbin Engineering University Press

图书在版编目(CIP)数据

公安院校思想政治教育研究 / 赵炜著. — 哈尔滨：哈尔滨工程大学出版社，2019.10
ISBN 978-7-5661-2432-6

Ⅰ. ①公… Ⅱ. ①赵… Ⅲ. ①公安-高等学校-思想政治教育-研究-中国 Ⅳ. ①D631.19

中国版本图书馆 CIP 数据核字(2019)第 179232 号

选题策划 夏飞洋
责任编辑 邹德萍
封面设计 李海波

出版发行 哈尔滨工程大学出版社
社　　址 哈尔滨市南岗区南通大街 145 号
邮政编码 150001
发行电话 0451-82519328
传　　真 0451-82519699
经　　销 新华书店
印　　刷 北京中石油彩色印刷有限责任公司
开　　本 787 mm×960 mm 1/16
印　　张 7
字　　数 153 千字
版　　次 2019 年 10 月第 1 版
印　　次 2019 年 10 月第 1 次印刷
定　　价 39.80 元
http://www.hrbeupress.com
E-mail:heupress@hrbeu.edu.cn

前　　言

思想政治工作是中国共产党取得革命、建设和改革开放伟大胜利的重要法宝。大学生是民族的希望、祖国的未来,我们党历来重视大学生思想政治教育。党的十九大报告指出,中国特色社会主义进入了新时代,这是我国发展新的历史方位。高等教育发展必须同解决好新时代社会主要矛盾的要求紧密结合在一起,确立新时代中国高等教育的职责使命与功能定位。公安院校是公安机关的重要组成部分,肩负着培养党和人民忠诚卫士的重要使命。公安院校的思想政治教育,事关公安院校的办学方向和公安队伍的整体素质及战斗力。当前公安院校的学生,在校学习期间,和普通高校的学生一样,富有活力、充满朝气,对新生事物接受快速,在网络环境下,对热点问题予以极大的关注,信息来源广泛;可是他们毕业时和普通高校学生却不一样,他们大部分会进入公安机关工作。当前公安工作面对的是复杂严峻的形势和繁重的任务,这就要求他们在踏出校门时具有更高的政治素养,坚决在思想上、政治上、行动上同以习近平同志为核心的党中央保持高度一致,始终坚定正确的政治方向,认真履行党和人民赋予的光荣使命,牢记人民公安为人民的初心,依法履职尽责,公平公正执法,把守纪律、讲规矩作为基本底线。公安院校的思想政治教育必须根据这些新情况新变化做出调整和改进,拓展工作思路、改进方式方法,为新时代公安事业培养合格的接班人,保证跨出校门的学生具有和公安队伍一致的价值目标,共同的行为标准。本书立足公安工作实际和高校大学生的思想政治状况,着眼于对公安队伍储备人才的培养,对公安院校的思想政治教育进行了研究和探讨。

目　　录

第一章　高等学校思想政治教育的重要作用

大学生是青年中受教育程度最高的知识群体。他们既是社会文明发展的产物，又是对现实社会有特殊影响的政治力量，更是未来社会思想文化与生产技术创新发展的中坚与骨干，在一定程度上决定着国家和社会未来的文明发展状态。中国共产党作为中华民族的先锋队和代表我国广大人民利益的政党，历来重视我国大学生的独特社会属性和未来社会作用，始终坚持用先进思想文化教育大学生，引导大学生树立为中华民族伟大复兴而奋斗的理想信念，凝聚大学生爱国爱党为国奉献的精神力量，促进大学生健康全面发展，为党和国家的社会主义建设事业培养了一批批生力军、建设者和接班人。认识大学生基本特性和中国共产党领导的大学生思想政治教育的特性与作用，有助于从中国共产党与大学生两大主体互动的视角，全面认识加强和改进大学生思想政治教育在赢得大学生对党信任、拥护与促进大学生全面健康发展中的重要作用。

第一节　党加强大学生思想政治教育的价值

“价值”一词在哲学中意指事物属性同人的需要之间的关系问题，即事物对人的积极意义，表现为事物具有满足人们某种需要的属性和功能。开展大学生思想政治教育研究，具有重要的理论价值。能够丰富和发展大学生思想政治教育基本理论，进一步完善大学生思想政治教育理论体系。

一、党与大学生的密切关系

中国共产党 90 多年波澜壮阔的奋斗历程，始终有大学生相伴左右。新文化运动的兴起、五四运动的爆发、青年马克思主义者的成长对中国共产党的建立起到了巨大的推动作用。在马克思主义科学理论的指引下，中国共产党团结带领全体人民在中国这片古老的土地上，书写了人类发展史上的壮丽史诗，实现了民族独立、人民解放，确立了社会主义基本制度，开创并坚持发展了中国特色社会主义。大学生是希望的表征，是未来的符号。中国共产党的事业是走向未来的事业，国家富强、民族振兴、人民幸福的实现，要靠全体人民的努力，特别是今天正在成长而明天是社会栋梁的大学生。胡锦涛指出:"一个有远见的民族,总是把关注的目光投向青年;一个有远见的政党,总是把青年看作是推动历史发展和社会前进的重要力量。我们的民族就是这样的民族,我们的党就是这样的党。"中国共产党过去的辉煌历史,有进步革命的大学生的支持、参与和贡献;实现中华民族伟大复兴的共同理想,更需要激发当代大学生去践行;大学生的成长也需要中国共产党的引领。这就要求中国共产党应不断加强和改进大学生思想政治教育,为大学生思想发展和行为选择指引正确方向,激励大学生在为国为民服务中实现青春梦想和人生价值,促使大学生成为爱国爱民爱党的全面发展的社会中坚。中国共产党与大学生之间的互动关系充分地体现在大学生思想政治教育过程中,开展大学生思想政治教育研究有助于增进人们对这种互动关系的认识。

二、大学生思想政治教育的历史进程

中国共产党自创立之日起,就把大学生思想政治教育纳入党的工作的整体规划,摆在党的工作的重要位置,注重建构大学生思想政治教育工作体系。

在新民主主义革命时期,中国共产党将黄埔军校和中央苏区作为大学生思想政治教育的主要阵地,重点培养大学生的马克思主义修养和民主革命意识,创设与工农结合、在斗争实践中锻炼成长的大学生思想政治教育途径,领导和组织中心城市青年学生开展带动全国的抗日救亡运动。在社会主义革命、建设和改革时期,中国共产党着重依靠高校、同时联合家庭和社会之力共同开展大学生思想政治教育,注重培养大学生的马克思主义立场、共产主义信仰,以及爱国主义意识、集体主义意识、社会主义意识,充分发挥思想政治理论课主渠道与日常思想政治教育主阵地的教育作用,全面、系统、深入地开展大学生思想政治教育活动,形成了一套完整严密的大学生思想政治教育体系,掌握了一系列行之有效的大学生思想政治教育方法,积累了丰富的大学生思想政治教育经验。

(一)1979 年至 1984 年的高校思想政治教育

1979 年,党的十一届三中全会胜利召开,重新确立了实事求是的党的思想路线,我党的工作重心转移到经济建设上来,高校思想政治教育工作同期进行了调整,适应了时代发展的变化和要求。改革开放初期这一阶段的思想政治教育工作为我国高校后期开展思想政治教育开辟了新的方向,奠定了基础。这一阶段的思想政治教育工作还存在诸多不足,比如高校思想政治教育工作比较机械化和呆板,教育内容比较陈旧,更多的是理论性的知识,缺乏时代印记,同时高校思想政治教育工作者并未从传统的惯性教学思维中解脱出来,这样使得此时的思想政治教育工作处于被动状态,使得大学生的参与度和积极性处于低迷状态。此时的思想政治工作不能完全适应大学生思维发展特点，也没有给予大学生切合实际的理念导向。

（二）1984 年至 1989 年的高校思想政治教育

这一阶段随着经济体制的转变，国内的经济、文化环境有所改善，加之前一段时间思想政治教育工作经验的积累，思想政治教育工作的发展有所好转，并呈现出以下几个特点。一是继续贯彻党的思想路线，坚持四项基本原则，反对资产阶级自由化教育。二是重视实践教学，这一阶段开始重视高校大学生的社会实践活动，积极组织大学生参与社会活动。高校思想政治教育工作者也积极开展“进基层”活动，深入大学生中间，了解大学生实际。三是规范思想政治教育研究，这一阶段，随着社会环境的进一步开放，各个高校也开展了与思想政治教育相关的研究，编写了多套马克思主义政治理论课教材，用以提高高校大学生思想政治素质与政治理论水平。

虽然高校积极开展各种与思想政治教育相关的活动，但是当时国际政治风起云涌，西方资本主义势力全球渗透，到处制造混乱，“共产主义渺茫论”和西方资产阶级自由化思潮蔓延到了国内高校领域。

（三）1989 年至 1992 年的高校思想政治教育

1989 年 6 月在北京召开的十三届四中全会成为高校思想政治教育工作的分水岭，本次会议将高校的思想政治教育带入新的发展时期。

1989 年 7 月，国家教委发出了《关于新学年对学生集中进行政治教育和理论教学的通知》，同时指出高校思想政治教育应该也必须将受教育者与学校和社会结合，注重高等院校的学校教育和社会教育相结合。总结这一阶段高校思想政治教育的经验和特点，我们可以得出以下几个方面的认识。一是反思改革开放以来高校思想政治教育的经验教训，高校思想政治教育应该时刻注意政治性和及时性，增强自觉性。二是开辟了改革开放以来高校思想政治教育工作的新思路、新方法。三是明确了高校思想政治教育的目标和任务，指出高校思想政治教育的内容和形式应该不断发展，逐步适应高校和社会发展的步伐。四是完善了高校思想政治教育的课程建设，深化了高校思想政治教育课程改革，逐渐将素质教育、心理健康教育纳入思想政治教育范畴。

（四）1992 年至 1997 年的高校思想政治教育

1992 年春，中国改革开放的总设计师邓小平视察了武昌、深圳、珠海、上海等地，并发表了重要谈话。邓小平的南方谈话对中国 20 世纪 90 年代的经济改革与社会进步起到了关键的推动作用,高校思想政治教育工作也随之开始调整。随着经济的迅猛发展,这一阶段高校思想政治教育呈现出一定特点,这种特点也反映了时代发展要求。这一阶段高校思想政治教育特点主要体现在以下几个方面。一是高校思想政治教育贴近实际、贴近生活。抛弃干巴巴的理论教学,此阶段更加强调思想政治教育走进现实,加强教育过程与社会的联系。二是与时代精神和民族精神相结合,加强思想教育。随着社会主义市场经济体制改革的不断深化,高校思想政治教育积极适应时代要求,更加注重爱国主义、集体主义、社会主义主旋律教育,特别强调社会公德、职业道德的建设。三是继续进行自我建设,实现高校思想政治教育的不断完善,更加系统化和科学化。

(五)1997 年至 2012 年的高校思想政治教育

1997 年江泽民同志在十五大报告中提出"建设小康社会"的历史新任务。为适应这一时期特征,将素质教育纳入高校思想政治教育的目标体系,不断拓展有效的教育途径。1999 年,《中共中央国务院关于深化教育改革,全面推进素质教育的决定》明确指出:"造就'有理想、有道德、有文化、有纪律'的、德智体美等全面发展的社会主义事业建设者和接班人。"1999 年,《中共中央关于加强和改进思想政治工作的若干意见》指出了新时期加强和改进思想政治工作的极端重要性和工作方向,并提出了具体要求和措施。2002 年十六大召开,为贯彻十六大的政治要求,高校积极进行基于自身建设的改革,明确了高校思想政治教育的必修课程包括《马克思主义基本原理》《毛泽东思想、邓小平理论和"三个代表"重要思想概论》(后调整为《毛泽东思想和中国特色社会主义理论体系概论》)、《中国近现代史纲要》《思想道德修养与法律基础》四个科目。在这样的大背景下,为了培养合格人才,高校思想政治教育也适应这一变化,调整内容,创新形式。此外,高校思想政治教育在此阶段深化了心理健康教育内涵,注重高校思想政治教育的层次性、个体性,注重通过学生社团有序开展学校活动。新媒体背景下,高校更加积极地发挥思想政治工作在改革、建设和发展中的作用,坚持社会主义办学方向,保证学生德、智、体全面发展,培养社会主义事业合格的建设者和接班人。

(六)2012 年至今的高校思想政治教育

党的十八大以来,以习近平同志为核心的党中央高度重视学校思想政治工作,相继召开全国高校思想政治工作会议、全国教育大会、学校思想政治理论课教师座谈会等系列重要会议。

党的十八大报告指出:"要坚持教育优先发展,全面贯彻党的教育方针,坚持教育为社会主义现代化建设服务、为人民服务,把立德树人作为教育的根本任务,培养德智体美全面发展的社会主义建设者和接班人。”[①] 2013 年 9 月，习近平在第二十九个教师节向全国广大教师致慰问信，指出：“教师是立教之本、兴教之源，承担着让每个孩子健康成长、办好人民满意教育的重任。希望全国广大教师牢固树立中国特色社会主义理想信念，带头践行社会主义核心价值观，自觉增强立德树人、教书育人的荣誉感和责任感，学为人师，行为世范，做学生健康成长的指导者和引路人。”[②]

党的十九大报告指出，“中国特色社会主义进入了新时代，这是我国发展新的历史方位。……中华民族迎来了从站起来、富起来到强起来的伟大飞跃”[③]。中国发展正在走向新的征程，人民的生活需求在悄悄地发生着前所未有的深刻变化，高校思想政治工作面临着新机遇、新挑战，在实践中表现出一系列新特征、新问题和新需求。

在全国教育大会上，习近平总书记指出，“培养什么人，是教育的首要问题”[④]。“我国高等教育肩负着培养德智体美全面发展的社会主义事业建设者和接班人的重大任务”[⑤]，这是教育工作的根本任务，也是高校思想政治工作的根本目标。纵观我们党的历史，思想政治工作目标始终与党的奋斗目标相一致，与各个历史时期的具体目标相衔接，习近平总书记根据新时代高校思想政治工作的形势与特点、国家和时代的需要，强调“我国是中国共产党领导的社会主义国家，这就决定了我们的教育必须把培养社会主义建设者和接班人作为根本任务，培养一代又一代拥护中国共产党领导和我国社会主义制度、立志为中国特色社会主义奋斗终身的有用人才”[⑥]。德智体美劳全面发展，既是对人的素质定位的基本准则，也是人才培养的目标任务。“培养德智体美劳全面发展的社会主义建设者和接班人”的重要论述，对人才培养的根本目标作出了新的概括，发展了党的教育方针。习近平总书记指出，“古今中外，每个国家都是按照自己的政治要求来培养人的，世界一流大学都是在服务自己国家发展中成长起来的。我国社会主义教育就是要培养社会主义建

---

① 胡锦涛：《坚定不移沿着中国特色社会主义道路前进为全面建成小康社会而奋斗——在中国共产党第十八次全国代表大会上的报告》，人民出版社，2012，第 35 页。

② 《习近平向全国广大教师致慰问信》，《人民日报》2013 年 9 月 10 日第 1 版。

③ 习近平：《决胜全面建成小康社会 夺取新时代中国特色社会主义伟大胜利——在中国共产党第十九次全国代表大会上的报告》，人民出版社，2017，第 10 页。

④ 《习近平在全国教育大会上强调坚持中国特色社会主义教育发展道路培养德智体美劳全面发展的社会主义建设者和接班人》，《人民日报》2018 年 9 月 11 日第 1 版。

⑤ 《习近平谈治国理政》第二卷，外文出版社，2017，第 377 页。

⑥ 《习近平在全国教育大会上强调坚持中国特色社会主义教育发展道路培养德智体美劳全面发展的社会主义建设者和接班人》，《人民日报》2018 年 9 月 11 日第 1 版。

设者和接班人”①。

“加强党对高校的领导,要牢牢把握高校意识形态工作领导权”②,这是新时代高校思想政治工作需要坚持的首要原则。高校是意识形态斗争的前沿阵地,思想政治工作是党的意识形态工作的重要组成部分。习近平总书记把高校的思想政治工作会同党和社会的意识形态工作一并考虑判断,他强调,要把高校思想政治工作纳入意识形态工作责任制,提出“把思想政治工作贯穿教育教学全过程”的要求,将意识形态的工作融入教育教学的各个环节和各个方面,特别是要把巩固马克思主义在我国意识形态领域的指导地位作为高校思想政治工作的根本任务。马克思主义是社会主义意识形态的旗帜,也是高校的“鲜亮底色”,只有坚持党对高校意识形态工作的领导,才能“区分政治原则问题、思想认识问题、学术观点问题,旗帜鲜明反对和抵制各种错误观点”③,才能确保高校思想政治工作走在正确的方向上。

三、加强和改进大学生思想政治教育的现实要求

大学生思想政治教育具有很强的实践性,必须符合大学生思想政治教育的现实要求。一方面,社会环境的深刻变化要求大学生思想政治教育主动适应。大学生的思想品德形成、发展于一定的环境之中,大学生思想政治教育活动必须在一定的环境中进行,环境对大学生思想品德的形成、发展,以及大学生思想政治教育活动影响深远。当前“我国正处于社会主义初级阶段,全面建成小康社会进入决定性阶段,改革进入攻坚期和深水区,国际形势复杂多变”④,大学生思想政治教育面临更加严峻的外部环境,必须不断增强适应能力和应变能力。另一方面,大学生思想行为的独特性要求大学生思想政治教育主动遵循。大学生思想政治教育是“做大学生思想的工作”,而大学生的思想观念、价值判断、人生追求、行为习惯等都具有不确定性和未完善性,容易受到外界不良因素的干扰,在思想行为上具有随意性、情绪化和自我化,无疑大大增加了大学生思想政治教育的难度。这就要求大学生思想政治教育应遵循大学生思想行为特点,关注大学生的实际需要,获得大学生的情感认同,捕获大学生的心灵世界。研究大学生思想政治教育,探究大学生思想政治教育与时俱进的历史进程,满足改革开放和大学生成长成才的实际需求,有助于

---

① 习近平:《在北京大学师生座谈会上的讲话》,人民出版社,2018,第6页。

② 《牢牢掌握党对高校工作的领导权——六论学习贯彻习近平总书记高校思想政治工作会议讲话精神》,《中国教育报》2016年12月15日第1版。

③ 习近平:《决胜全面建成小康社会 夺取新时代中国特色社会主义伟大胜利——在中国共产党第十九次全国代表大会上的报告》,人民出版社,2017,第42页。

④ 中共中央文献研究室:《十八大以来重要文献选编》(中),中央文献出版社,2016,第155页。

更加明确新的历史条件下中国共产党加强和改进大学生思想政治教育的现实要求。

第二节 习近平关于大学生思想政治教育的理论指导

党的十八大以来，以习近平同志为核心的党中央，高举中国特色社会主义伟大旗帜，着眼“四个全面”的战略布局，高度重视大学生思想政治教育工作，在继承前人思想的基础上，围绕如何加强和改进大学生思想政治教育，提出了许多富有创见的新思想、新论断、新要求，成为“新常态”下加强和改进大学生思想政治教育的根本遵循。

一、牢牢把握党对高校意识形态工作的领导权

高度重视、充分发挥青年在实现中华民族伟大复兴中国梦中的重要作用，既是中国共产党一以贯之的历史传统，也成为习近平大学生思想政治教育思想的鲜明特色。2013 年，习近平总书记在与年轻人谈到中国梦时指出：“中国梦是我们的，更是你们青年一代的。中华民族伟大复兴终将在广大青年的接力奋斗中变为现实。”①这一论述从两个层面展示了中国梦与青年一代的密切关系：一是实现中国梦的主体是青年一代。青年是长江后浪推前浪的中坚力量，也是一个时代最富有活力和朝气的力量，“青年一代有理想、有担当，国家就有前途，民族就有希望，实现我们的发展目标就有源源不断的强大力量”②。中国梦不是一二十年的短期理想，它的实现是一个长期的过程，是指向未来的希望，而青年是“祖国的未来、民族的希望”，党“从来都把青年作为党和人民事业发展的生力军，从来都支持青年在人民的伟大奋斗中实现自己的人生理想”③，青年个人理想的达成与中国梦的实现相互交融，中国梦为青年个人理想的实现带来物质和精神的支持，青年个人发展的追求为中国梦的实现提供智力和人才的保证，青年在实现中国梦的伟大征程中成为最能持久地走向未来的力量。二是青年的思想素质和意志品质是实现中国梦的基石。中国梦的实现道路不是一帆风顺的，并且“还有很长的路要走，需要我们付出长期艰苦的努力”④，因而广大青年必须“勇敢肩负起时代赋予的重任，志存高远，

① 中共中央文献研究室：《十八大以来重要文献选编》（上），中央文献出版社，2014，第 277 页。

② 同上。

③ 同上书，第 278 页。

④ 同上书，第 84 页。

脚踏实地”[1]，具备较高的思想政治素质和坚忍的意志品质才能更有信心、更有能力实现中国梦的伟大目标。

为了实现中华民族伟大复兴的中国梦，习近平总书记强调指出，应该从五个方面引导青年提高思想政治素质，全面发展，历练成为社会主义事业的合格建设者和可靠接班人。第一，引导广大青年坚定理想信念，“中国梦是全国各族人民的共同理想，也是青年一代应该牢固树立的远大理想”[2]，青年必须坚定共产主义理想，坚持党的领导的信念，掌握马克思主义科学理论，才能在思想上武装自己，坚持不懈地朝着实现中国梦的目标前行。第二，指导青年增强综合素质和能力，“青年的素质和本领直接影响着实现中国梦的进程”[3]，全面发展的青年才能适应未来社会的发展，掌握真才实学的青年才能成为建设社会主义的栋梁，学会学习，对社会问题和科学发展保持浓厚而热烈的探究欲，打牢知识基础和更新知识储备，都是青年推动中国梦不断前行的动力。第三，培养青年勇于创新的精神，“青年是社会上最富活力、最具创造性的群体，理应走在创新创造前列”[4]，中国梦的实现是前无古人的开拓性事业，没有任何可以复制的现成经验，它的实现需要青年坚持解放思想、与时俱进、上下求索、开拓进取，因而培养青年的创新精神是新时期思想政治教育不可回避的内容。第四，培育青年艰苦奋斗的精神，“实现我们的发展目标，需要广大青年锲而不舍、驰而不息的奋斗”[5]，虽然我们离实现“两个一百年”的奋斗目标越来越近，但是发展不科学，城乡区域发展差距较大，社会矛盾增多等问题仍然困扰着我们，同时国际竞争空前激烈，周边局势不稳定因素增强也成为摆在我们发展目标前面的难题，攻坚克难不是一蹴而就的，需要青年秉持艰苦奋斗的精神，矢志不渝地投入实现中国梦的奋斗之中。第五，锤炼青年高尚的品格，“一个民族的文明素养很大程度上体现在青年一代的道德水准和精神风貌上”[6]，青年要自觉践行社会主义核心价值观，成为引领社会风气的主力军，并且塑造中国人团结友爱、积极进取的精神风貌，向世界人民展示中国梦的价值和意义。

习近平总书记有关“中国梦实现在于青年”的思想，为大学生思想政治教育指明了新的方向：一是更加丰富大学生思想政治教育的内容，以中国梦为载体，融创新精神和社会主义核心价值观教育于大学生思想政治教育中；二是引导青年更加自信地投入中国梦的实践当中，作为实现中国梦主体的青年，他们将成为中华民族

---

① 中共中央文献研究室：《十八大以来重要文献选编》（上），中央文献出版社，2014，第 278 页。
② 同上。
③ 同上书，第 279 页。
④ 同上。
⑤ 同上书，第 280 页。
⑥ 同上。

历史上最伟大理想的实践者，他们将给世界呈现一个最富有活力和希望的国家，他们必将自信地投入社会主义建设中；三是坚持大学生思想政治教育的优良传统，革命和建设时期留下的思想政治教育宝贵经验仍然是引导大学生成长成才的精髓，仍然要坚持以理想信念、道德规范、爱国主义为核心的思想政治教育。

牢牢把握党对高校意识形态工作的领导权、话语权，是党办好中国特色社会主义大学的根本保证，也是大学生思想政治教育的经验总结。在新的时代条件下，随着中西文化之间的交流交融交锋更趋频繁和激烈，意识形态工作愈来愈成为党的一项极端重要的工作，而意识形态工作的特殊性决定了掌握意识形态工作领导权的重要性。高校作为意识形态工作的前沿阵地，直接受到来自国内和国外社会变革的压力，是各种思想和思潮的策源地和汇集地，在社会主义意识形态建设整体布局中有着举足轻重的地位，而能否做好高校意识形态工作，关键在党。习近平总书记高度重视党对高校意识形态工作领导权的把握，在第二十三次全国高等学校党的建设工作会议中，习近平总书记提出，“高校肩负着学习研究宣传马克思主义、培养中国特色社会主义事业建设者和接班人的重大任务”，要“强化思想引领，牢牢把握高校意识形态工作领导权”。习近平总书记的这一思想从两个方面阐释了强化党对高校意识形态工作领导的重要性。一方面，社会主义大学是以培养中国特色社会主义事业建设者和接班人为任务，而加强党对高校的领导，牢牢把握党对高校意识形态工作领导权，提升大学生思想政治教育的科学化水平，是实现这一任务的根本前提。另一方面，高校作为学习研究宣传马克思主义的重要阵地，必须始终坚持马克思主义在高校意识形态领域的指导地位，强化马克思主义在意识形态领域的价值引领作用。习近平总书记关于“牢牢把握高校意识形态工作领导权”的论述及思想，切中了当前高校意识形态工作的根本性问题，为新的条件下加强和改进大学生思想政治教育工作提供了根本指针。2015 年，中共中央办公厅、国务院办公厅《关于进一步加强和改进新形势下高校宣传思想工作的意见》（下称《意见》）对进一步加强和改进高校宣传思想工作做了重要部署。《意见》再次强调指出，意识形态工作是党和国家一项极端重要的工作，高校作为意识形态工作前沿阵地，肩负着学习研究宣传马克思主义，培育和弘扬社会主义核心价值观，为实现中华民族伟大复兴的中国梦提供人才保障和智力支持的重要任务。做好高校宣传思想工作，加强高校意识形态阵地建设，是一项战略工程、固本工程、铸魂工程，事关党对高校的领导，事关全面贯彻党的教育方针，事关中国特色社会主义事业后继有人，对于巩固马克思主义在意识形态领域的指导地位，巩固全党全国人民团结奋斗的共同思想基础，具有十分重要而深远的意义。

二、培育和践行社会主义核心价值观

社会主义核心价值观是社会主义核心价值体系的概括与凝练，是社会主义意识形态最本质的体现。积极培育和践行社会主义核心价值观，是实现中国梦的价值观建设的基础工程。党的十八大提出的“三个倡导”的24字社会主义核心价值观，是马克思主义与社会主义现代化建设相结合的产物，与中国特色社会主义发展要求相契合，与中华优秀传统文化和人类文明优秀成果相承接，是凝聚全党全社会价值共识作出的重要论断。习近平总书记高度重视在全社会特别是在广大青年中培育和践行社会主义核心价值观，强调将培育和践行社会主义核心价值观贯穿于大学生思想政治教育的全过程。2014年2月，习近平总书记在主持中共中央政治局第十三次集体学习时强调，“把培育和弘扬社会主义核心价值观作为凝魂聚气、强基固本的基础工程，继承和发扬中华优秀传统文化和传统美德，广泛开展社会主义核心价值观宣传教育，积极引导人们讲道德、尊道德、守道德，追求高尚的道德理想，不断夯实中国特色社会主义的思想道德基础”。2014年5月4日，习近平总书记在北京大学师生座谈会上的讲话指出：“青年的价值取向决定了未来整个社会的价值取向，而青年又处在价值观形成和确立的时期，抓好这一时期的价值观养成十分重要”，因而“青年要从现在做起、从自己做起，使社会主义核心价值观成为自己的基本遵循，并身体力行大力将其推广到全社会去”。习近平总书记不仅从青年价值观形成和发展的内在特征和社会发展的需要深刻地论述了青年自觉培育和践行社会主义核心价值观的战略意义，而且明确指出青年自觉培育和践行社会主义核心价值观的基本途径，即“要勤学，下得苦功夫，求得真学问”“要修德，加强道德修养，注重道德实践”“要明辨，善于明辨是非，善于决断选择”“要笃实，扎扎实实干事，踏踏实实做人”。

培育和践行社会主义核心价值观是关系到青年精神追求的系统工程，是社会主义意识形态建设的重要课题。习近平总书记不仅强调了培育和践行社会主义核心价值观的战略意义，更为广大青年指明了努力的方向。一是发挥大学生的模范带头作用，用践行社会主义核心价值观的青年们的“成长历程、精神追求、模范行动为广大青少年做好表率”，发挥示范带头的影响力。二是融社会主义核心价值观教育于社会生活中，“坚持由易到难、由近及远，努力把核心价值观的要求变成日常的行为准则”，组织开展主题教育活动、志愿者社会实践，把社会主义核心价值观的要求落细、落小、落实，润物无声地发挥日常教育的引导作用。三是吸纳中华民族深厚无比的传统历史精神的精髓，“吸吮着中华民族漫长奋斗积累的文化养分”“虚心学习借鉴人类社会创造的一切文明成果”，以中国人独特的精神世界感召大学生社会主义核心价值观的培育和践行。

三、传统文化融入大学生思想政治教育

中华民族传统文化是中华文明成果根本的创造力，是民族历史上道德传承，各种文化思想精神观念形态的总和。中国共产党历来重视对传统文化的继承和发扬，习近平总书记更是强调以传统文化为载体，加强和改进大学生思想政治教育。2013 年 11 月，习近平总书记在山东曲阜考察时指出，“一个国家、一个民族的强盛，总是以文化兴盛为支撑的，中华民族伟大复兴需要以中华文化发展繁荣为条件”。2014 年 9 月 9 日，习近平总书记在与北京师范大学师生座谈时再一次指出传统民族文化是中国梦的根和魂。习近平总书记一方面注重从中华优秀传统文化中汲取营养，赋予社会主义核心价值观生命力和影响力；另一方面厘清中华优秀传统文化的突出优势与中国特色的国情和发展道路之间的关系，坚定开展高校宣传思想工作的理想信念。

培育和弘扬社会主义核心价值观，必须立足中华优秀传统文化。“一个民族、一个国家的核心价值观必须同这个民族、这个国家的历史文化相契合，同这个民族、这个国家的人民正在进行的奋斗相结合，同这个民族、这个国家需要解决的时代问题相适应。”在 2014 年 2 月中共中央政治局第十三次集体学习中，习近平总书记指出：“博大精深的中华优秀传统文化是我们在世界文化激荡中站稳脚跟的根基”“深入挖掘和阐发中华优秀传统文化讲仁爱、重民本、守诚信、崇正义、尚和合、求大同的时代价值。”2014 年五四青年节，在与北京大学师生座谈时，习近平总书记又指出，“中华优秀传统文化已经成为中华民族的基因，植根在中国人内心，潜移默化影响着中国人的思想方式和行为方式。今天，我们提倡和弘扬社会主义核心价值观，必须从中汲取丰富营养，否则就不会有生命力和影响力”。习近平总书记还强调传统文化所具有的三种特性对培育和弘扬社会主义核心价值观具有深远的影响和积极的作用：一是民族性，以“其鲜明的民族特色”，具有“永不褪色的时代价值”；二是连续性和稳定性，既“随着时间推移和时代变迁而不断与时俱进”，又根植于百姓思想中成为“日用而不觉的价值观”；三是独特性，成为最根本的“中国人的独特精神世界”。因而，必须充分利用优秀传统文化中蕴含的丰富思想道德资源和历史文化精髓，引导青年大学生积极培育和践行社会主义核心价值观，是新的时代条件下加强和改进大学生思想政治教育的重要课题。2013 年 8 月，习近平总书记在全国宣传思想工作会议上指出，要以传统民族文化为载体，讲清楚中国故事，让民族自信，让国人更加理解国家的发展道路。习近平总书记从四个“讲清楚”着手，厘清传统文化的独特性和宣传思想工作的创新方法，也为大学生思想政治工作开辟了新的途径。一是讲清楚“每个国家和民族的历史传统、文化积淀、基本国情不同，其发展道路必然有着自己的特色”，引导大学生认识国家发展道路独

特性的由来；二是讲清楚“中华文化积淀着中华民族最深沉的精神追求”，引导大学生追求中华民族复兴的伟大梦想；三是讲清楚“中华优秀传统文化是中华民族的突出优势”，引导大学生以自信的姿态夯实国家文化软实力；四是讲清楚“中国特色社会主义植根于中华文化沃土”，引导大学生坚定走中国特色社会主义道路的理想信念。讲清楚传统中华文化，也是实现宣传思想工作凝聚民心、凝聚世界力量、引导大学生全面理性看待世界文明的重要途径。

第三节　思想政治教育的价值

一、社会价值

思想政治教育是一种社会实践活动，自然具有社会价值。离开了对社会价值的追求，思想政治教育就可能偏离正确的方向，甚至失去存在的意义。

（一）扩大政治认同

政治文明是人类改造社会和自身所获得的政治成果和进步状态。思想政治教育是中国共产党的政治优势，是发展社会主义民主政治的精神保障。毛泽东指出：“掌握思想教育，是团结全党进行伟大政治斗争的中心环节。如果这个任务不解决，党的一切政治任务是不能完成的。”①

扩大政治认同，强化政治共识，既是社会主义政治文明建设的重要内容，也是其顺利进行的社会基础。政治认同是人们在政治生活中产生的感情和意识上的归属感，包括对国家、政党、政治制度、政治理想、政策等方面的认同。政治认同是一种维系政治稳定的重要资源，是一个国家的政治得以稳定发展的基础。政治共识则是人们在政治价值取向、政策目标等方面的一致。简言之，政治认同、政治共识是人心所向的体现，关系着国家、政党的前途命运。任何一个国家政权都需要扩大政治认同，强化政治共识，使自己的政治理想和价值观念等得到广泛的认同和支持，保证方针政策的贯彻落实，实现政治目标。美国政治学家拉斯韦尔指出：“一种意识形态一旦被人们接受之后便会以非凡的活力永久存在下去。在这个国家里出生的人们会把他们的一些爱投向支持这个制度的各种象征：共同的名称、共同的英雄、共同的使命、共同的需要。”②

---

① 《毛泽东选集》第三卷，人民出版社，1991，第1094页。

② 哈罗德·D.拉斯韦尔：《政治学：谁得到什么？何时和如何得到？》，杨昌裕译，商务印书馆，1992，第138页。

思想政治教育在扩大政治认同，强化政治共识方面有着不可替代的独特作用。一是通过增强政治情感而扩大政治认同。政治情感是人们在政治生活中对政治体系、政治活动、政治事件和政治人物等产生的内心体验和感受，具体表现为爱憎、亲疏、信疑等。民族自豪感、国家忠诚感、政府信任感、政治责任感等都属于政治情感范畴。政治情感与政治认同有密切关系，政治认同可以说是政治情感的归属。思想政治教育通过开展民族精神和爱国主义等方面的教育，可以培养积极的政治情感，使全体人民始终保持昂扬向上的精神状态。二是直接扩大政治认同，强化政治共识。通过开展党的理论路线方针政策、共产主义理想信念、政治知识等方面的教育，使人们认识到，离开党的正确领导，社会主义政治文明不可能建设好。发展社会主义民主政治，必须坚持四项基本原则。从而增强政党认同、政治理想认同、政治制度认同，统一思想，凝聚民心，为社会主义政治文明建设奠定坚实的社会基础。

（二）塑造政治文化

政治意识是政治主体所具有的政治思想、政治观点，以及对于政治现象的态度和评价。政治文化是一个民族长期形成的相对稳定的政治态度、信仰和情感，是一个社会关于政治体系和政治问题的态度、信念、情绪和价值的总体倾向。二者紧密联系，在政治文明建设中发挥着重要作用。

在政治生活中，政治意识左右着人们的政治行为，制约着政治制度的创设、选择和变革，也影响着政治进程。公民是否具有积极正确的政治意识，在相当程度上制约着公民参与政治生活的程度和政治发展水平。我们的社会主义政治文明建设，是迄今为止最广泛、最深刻、最真实的民主政治，需要高度自觉和积极向上的政治意识。离开了这一点，社会主义政治文明建设就会流于空谈。人天生是政治动物。在现实生活中，人作为社会成员，不可能独立于政治之外。但是，政治意识并不是与生俱来的，也不是自然而然地产生的。因此，以先进思想理论启发现代政治意识，使广大人民群众在参与国家政治生活中表现出高度的政治责任感和积极心态，就成为思想政治教育的重要任务。

人民当家作主是社会主义民主政治的根本要求。建设社会主义政治文明，从根本上说就是致力于为广大人民谋利益，保证人民当家作主。这就是说，人民是政治活动的主体，是政治文明建设的主体。这就内在地要求提高广大人民群众的政治素养和能力。因为，在现实政治生活中，作为政治主体的每个公民都扮演着一定的政治角色，享有一定的权利并承担一定的义务，遵从一定的制度，按照程序要求，产生相应的政治行为。政治主体的政治素养和能力，包括政治理论水平、民主法治观念、权利义务观念、政治主体意识、政治行为能力等，直接影响着政治文明的发展状况。

党的十一届三中全会以来,人民群众的政治素养和能力有了一定的提高。但从总体上看,与社会主义政治文明建设的要求还有较大差距,许多人还缺乏政治知识、民主习惯,不仅对政治活动程序不熟悉,而且参政议政的民主意识也比较淡漠。当多数人还不能充分行使自己的权利和履行自己的义务时,就难以形成高度民主的政治环境,就难以推动政治文明建设。公民的政治素养和能力不是自然生成的,而是长期教育训练的结果。列宁指出:“文盲是处在政治之外的。”①因此,加强思想政治教育,提升公民政治素养和政治行为能力,是建设社会主义政治文明、实现人民当家作主的重要任务和前提条件。通过思想政治教育,可以帮助人们掌握主流政治思想,熟悉基本政治制度及其运行机制,丰富政治知识,提高政治理论水平;增强民主意识和当家作主的权利意识;形成正确的政治观点和政治价值取向,塑造现代政治人格;掌握科学的政治分析方法,提高政治敏锐性和鉴别力,从而增强社会主义政治文明建设的主体动力。

依法治国是党领导人民治理国家的基本方略,是建设社会主义政治文明、发展社会主义民主政治、实现人民当家作主的重要内容和根本保证。广大人民在党的领导下,经过长期努力,才成为国家的主人,获得了一系列民主权利。这些民主权利如果不能上升为具有稳定性、连续性和权威性的制度和法律,人民的民主权利就没有保障。只有将人民的民主权利及国家在经济、政治、文化和社会等方面的民主结构、民主程序等,用法律和制度固定下来,并确保其实施,才能保障人民的民主权利不受破坏和损害,保证人民的民主权利真正得以实现。

(三)方向保证

思想政治教育通过传播党的理论纲领、路线、方针、政策,同时,广泛收集并及时反映路线、方针、政策的执行情况,使我们党的经济发展战略、发展规划得到坚决贯彻落实,保证我国物质文明建设沿着社会主义道路健康有序发展。

第一,坚持物质文明建设的社会主义性质。我们的物质文明建设是社会主义的物质文明建设。只有始终坚持物质文明建设的社会主义性质,才能为中华民族伟大复兴奠定坚实的物质基础。保证物质文明建设的社会主义性质,最基本的就是坚持公有制的主体地位。历史唯物主义基本原理告诉我们,占主体地位的所有制是决定社会性质的关键因素。公有制是社会主义经济制度的基础,是社会主义与资本主义的本质区别,是劳动人民当家作主的经济基础,也是社会化大生产的客观要求。只有坚持公有制的主体地位,才能巩固和发展社会主义制度,才能建设中

---

① 《列宁全集》第四十二卷,人民出版社,1987,第200页。

国特色社会主义。

第二,克服市场经济的消极影响。社会主义市场经济的发展和完善极大地推动了我国的物质文明建设,也大大地促进了社会进步,增强了竞争意识、效率意识、法治意识,强化了自立自强精神、求真务实精神。但是,市场经济的自发性、盲目性和利益原则、等价交换原则等,也对人们的思想认识和价值取向产生了消极影响,导致利己主义、拜金主义、享乐主义滋长,在一定程度上制约了物质文明建设。这就必须加强思想政治教育,引导人们正确对待利益,弘扬先进的经济文化和科学的经济伦理,提倡科学合理的消费和健康文明的生活方式,以荡涤和肃清这些腐朽没落思想的影响,促进物质文明建设的进一步发展。

(四)精神动力

物质文明建设的成果,一个重要体现就是生产力水平的提高。生产力由物质因素和人的因素构成。一切物质因素都是由人来掌握的。因此,人是经济活动的主体,是生产力中最活跃的因素,对生产力的发展具有决定性影响。思想政治教育以科学的理论武装人,提高人的素质,调动人的积极性、主动性和创造性,为生产力的发展提供强大的精神动力,推动着物质文明建设。

第一,通过提高思想政治素质来提高人的劳动能力。劳动能力是人征服自然或改造客观世界的能力,是人的身体素质、智力水平和思想政治素质的综合体现。教育过程就是劳动能力的培养过程。思想政治教育对人的劳动能力的提高有特殊作用。因为人的思想政治素质,包括思想觉悟、道德水准、劳动态度等,不仅直接影响生产力中物质因素的作用方式和利用程度,而且还影响着人的智力和体力的发挥程度,影响人的劳动能力和创造能力的发挥。

第二,激发劳动积极性、主动性和创造性。思想政治素质对劳动能力的作用发挥程度有重要影响。在技术水平不变的情况下,劳动生产率的提高取决于人的作用的发挥程度。在其他条件不变的情况下,通过充分发挥人的积极性、主动性、创造性,仍然可以提高劳动生产率。现实中,我们常常看到劳动能力相当的人,创造的财富有很大的不同,劳动能力的发挥程度差距甚大。关键原因就在于二者的劳动态度有所不同。较高的劳动积极性、主动性和创造性可以使人的劳动能力得到更为充分的发挥。人是“社会的人”,具有丰富的社会性、精神性需要。随着人的物质需要的满足,物质利益对个人活动的驱动作用将不断减退,而精神因素的激励作用将不断上升。思想政治教育通过环境营造、榜样示范、说服教育等途径,帮助人们提高思想认识、端正劳动态度,鼓励人们在生产劳动中充分发挥自己的潜能,在提高劳动效率、促进生产发展的过程中体现自己的价值。从而充分调动人的积极性、主动性和创造性。可见,思想政治教育也能产生经济效益,也出生产力。

第三,促进生产关系变革。马克思把生产力中人的要素称为主观生产力。人不仅是推动生产力发展的首要因素,而且是生产关系的体现者。生产关系的变革需要作用于人才能实现。生产关系的变革,直接关系人们的切身利益,不可能一帆风顺。这就需要发挥思想政治教育的重要作用。耐心细致的思想政治教育,帮助人们认识生产力发展的必然趋势,认识到变革旧的生产关系、建立新的适合生产力发展的生产关系的必要性和必然性,使人们支持生产关系的变革,从而推动生产力和生产关系的矛盾运动,使生产力不断得到解放和发展。

(五)智力支持

思想政治教育对物质文明建设的智力支持主要体现为两个方面。一方面,思想政治教育可以促进人的智力的发展,直接提高人的思想政治素质。思想政治素质是人的诸多素质中具有特殊重要意义的一种,它决定着其他素质的性质和作用的发挥。对智能素质发展而言,思想政治教育可以激发人的学习动力,帮助人们树立远大目标和崇高理想,并激励人们为此而努力奋斗,以巨大的热情学习科学文化知识,掌握实现远大目标和崇高理想所需要的知识和技能,从而促进人的智力的发展。远大目标和崇高理想,会产生持久的学习动力。同时,人的智力的发展是终身的,学习也是终身的,这就需要坚韧不拔的毅力。思想政治教育尽管不提倡人们为了学习知识而“头悬梁、锥刺股”,但激励人们为勇攀科学高峰而不畏艰险、持之以恒、百折不挠。另一方面,思想政治教育可以促进科学技术的发展,从而为物质文明建设提供智力支持。科学技术是第一生产力。随着科学技术的进步,生产力的发展已不再简单依靠人力、物力、财力的投入,而主要依靠科学技术的推动。思想政治教育在科学技术的发展过程中发挥着重要作用。

第一,破除思想束缚。科学技术的发展以打破陈旧思想观念的禁锢为前提。在黑暗的中世纪,欧洲封建教会把科学当成“神学的婢女”,把科学技术贬斥为“异端邪说”。在古代中国,封建势力把科学技术贬斥为“奇技淫巧”,甚至将其视为洪水猛兽。今天,我们的社会中也存在着重经济轻科技的短视现象,这就需要通过思想政治教育,清除遗毒,破除陋习。

第二,增强创新意识。思想政治教育可以培养创新精神,树立科学无禁区、无偶像、无顶峰的意识,提倡尊重实践、坚持真理、修正错误,从而推动科学技术的发展。近代西方所弘扬的崇尚理性、注重实践的精神,就有力地促进了思想解放和科技进步。

第三,发展科技伦理。科学技术是把双刃剑,既可以造福人类促进社会进步,也可能因滥用误用而造成严重后果甚至灾难。科学技术越发展,越要求人们热爱自然、热爱人类,更要具有社会责任感。这是利用科学技术造福人类的保证。爱因斯坦曾告诫学生:“你们只懂得应用科学本身是不够的。关心人的本身,应当始终成为一切技术上奋斗的主要目标。”①今天,科技伦理已成为伦理学的重要研究领域,也是思想政治教育的重要内容。

第四,培养合作精神。随着社会分工的日益精细化和科学技术不断向纵深发展,科学研究和技术开发由分散的、单个人活动逐渐转化为社会性活动,规模越来越大,涉及的人和领域越来越多。在日益社会化的科学研究和技术开发中,成员之间的关系如何,合作程度如何,直接影响到科学技术的发展。沟通人际关系、加强团结协作,正是思想政治教育的职能之一。

(六)环境营造

精神、文化因素对经济的发展有着重要影响。现实的人在从事生产交换、消费活动时,他们的思想观念会对经济活动产生重要影响,甚至决定性影响。社会经济的发展与文化观念是密不可分的,文化观念会渗透到经济活动中,不同文化观念的社会,其经济行为也会体现出差异性,体现文化烙印。思想政治教育作为一种具有意识形态性的社会实践活动,是形成并传播意识形态的重要途径,它可以通过扫除精神障碍,破除落后的思想意识,形成符合社会发展趋势的经济思想、经济文化、经济伦理,以及积极向上的精神环境和社会风气,影响经济决策和经济运行,在物质文明建设中发挥着独特作用。

二、集体价值

集体是为了实现一定的目标而组织起来的人们的共同体。它具有明确的目标、比较严密的组织结构、共同的行为规范和心理倾向。在现实中,社会成员总是在一定的集体中生活。思想政治教育也往往以集体为单位开展,如企业、学校、社区,等等。集体是个人与社会的中介。若干个人组成集体,若干集体构成社会。思想政治教育的集体价值是思想政治教育价值的重要组成部分,对思想政治教育的社会价值和个体价值也有重要影响。

(一)明确集体目标

目标是人类活动所追求的预期结果在头脑中的反映。目标具有激励和指导作用。一旦有了明确的目标,人们就必然做出相应的行为反应,以期达到这一目标,目标的社会价值越大、实现的可能性越大,其激励作用就越强。

① 《爱因斯坦文集》第三卷,许良英等编译,商务印书馆,1979,第73页。

目标对于集体的形成和发展具有重要意义。任何一个集体都有其目标，一个成熟的集体，必须要有明确的目标指引，才能更好地发挥其作用。要调动成员的积极性推动集体的发展，就必须让大家真真切切地看到光明的发展前途。有了光明的发展前途，就会坚定集体成员的信心，增强集体的凝聚力。光明前途从哪里来？来自对经济社会发展趋势的深刻把握，来自对集体实际情况的正确认识。思想政治教育能够准确把握党和国家的大政方针政策，准确把握社会发展规律和发展要求，具有前瞻性、预见性，能将集体目标与社会发展要求统一起来，使集体目标与社会发展方向一致。同时，思想政治教育贯穿于集体形成发展的全过程，覆盖全体成员，对集体成员的实际情况有比较深入的了解，因而能有效地整合个体目标，将集体目标与个体目标统一起来，使集体目标能够反映、统摄个体目标，从而使集体目标既符合社会发展要求，又切合集体实际，能得到绝大多数集体成员的认同。

科学地制定集体目标后，还要经过宣传教育使之成为全体成员的自觉追求。要通过思想政治教育牢固树立这样的认识：在社会主义中国，个人利益、集体利益、国家利益是根本一致的；实现集体目标的过程，就是实现人生理想、人生价值的过程；集体目标的实现，是若干个体目标的集体实现；个人的目标、理想、价值只有与集体结合在一起，只有在集体中才能真正实现，从而引导人们自觉地把个人发展与集体目标联系起来，将集体目标内化为个人目标，增强集体归属感。只有认识统一，行动才可能一致，集体目标才可能成为集体成员自觉的实际行动。集体的总目标，尤其是长期目标往往不够具体。为了保证其实现，必须结合集体及其成员的实际，将目标具体化，设立阶段性目标，形成循序渐进、远近结合的系列化目标体系。阶段性目标方向明确、步骤具体，可以在较短时期内经过努力而实现，使追求目标成为一个自觉有效的过程，使集体成员深刻体会到集体生活的意义与乐趣。阶段性目标的不断实现，能促使集体成员始终保持对集体的热情并不断增加。

（二）调协集体心理

集体心理是集体成员相互作用而形成的整体心理，是集体成员共同具有的典型的心理状态和心理倾向。成员间在心理上紧密联系，并发生相互作用，这是集体的重要特点。一个成员心情不快，可能导致整个集体闷闷不乐；集体欢乐愉快，可以使个人忘却烦恼。思想政治教育对集体心理的形成和发展有着重要影响，主要体现在培育积极的集体情绪、营造良好的集体舆论等方面。

1. 培育乐观情绪

集体情绪是集体成员受刺激所产生的心理状态，是集体成员以感情表露的价值判断。集体情绪是集体成员的情绪相互作用的产物，具有很强的感染力，具有控制人们心理活动方向的巨大力量。积极的集体情绪是能激发人们产生积极反应的心理状态，包括快乐、满意、兴趣、自豪、感激和爱等。积极的集体情绪可以相互感染和传递，是营造良好集体氛围的关键因素，对于提高集体效能有重要作用。它可以使集体成员的认知更灵活，观察更仔细，决策更正确，更具有创造性和效率；可以使集体成员以积极的心态参与工作，与其他成员积极互动，形成相互信赖的融洽关系，进而产生更为积极的情绪体验。

思想政治教育对于培养集体的乐观情绪具有重要作用。一是培养正确的需要观，当个体的需要被满足时，就会产生积极情绪，反之则容易产生消极情绪。人的需要是个性化、多层次的，需要的被满足程度受到社会经济发展水平和不同个体实际情况的制约。思想政治教育引导个人和集体确立与社会发展水平和自身实际情况相适应的需要，并引导个人和集体通过自身努力不断满足其需要，从而促进积极情绪的产生。二是提高认知水平。认知是影响情绪的一个重要因素。不同集体面对相同的刺激，会产生不同的情绪体验，其原因之一就是认知水平的差异。通过思想政治教育发掘集体长处、树立集体信心、矫正不良认知、克服认知冲突，建构科学的认知结构，有利于克服认知偏差而减少消极情绪的产生。三是提高情绪调节策略的运用能力。学会如何针对不同情境运用恰当的情绪调节策略，对于集体积极情绪的形成具有非常重要的意义。

2. 营造正面的集体舆论

集体舆论是集体中大多数或所有成员就他们所关心的问题形成的大体一致的共同意见，是集体成员思想、情感、态度、价值取向的集中反映。集体舆论对集体成员的行为有重要影响，因为代表大多数成员的选择，从而能够对别的成员产生引导，起到力量整合和行为导向的作用。正面的集体舆论，能够弘扬正气、褒扬先进，形成健康的集体心理。

（三）增进集体团结

团结是指集体成员在利益一致的基础上，为实现共同目标而形成的思想和行动的一致。团结是一个集体正常活动的基础，越团结，凝聚力越强，成员间的协作程度越高，工作效率越高，越有利于集体目标的实现；反之，则犹如一盘散沙，士气低落，工作效率低下。团结不是自发形成的，而是集体成员共同努力的结果。在现实生活中，由于每个人的素质、能力及活动领域不同，所以人们的认识角度和认识水平也不同，这就有可能影响集体团结。思想政治教育对于增进集体团结具有重要价值。

1. 增强集体意识

集体意识是成员对集体利益、集体目标和集体荣誉的认识和态度。它体现为集体认同感、归属感、责任感、荣誉感和自豪感等。增强集体意识有利于加强内部配合，形成集体竞争力的强大思想基础，促进集体目标的实现。思想政治教育通过理论教育，可以使人们正确认识个人与集体的关系，认识到集体利益与个人利益的一致性，认识到集体对个人发展的促进作用，认识到个人只有在集体中才能获得全面发展的条件，从而自觉地将个人的人生追求、价值取向与集体统一起来。通过宣传集体成就，帮助人们认识到集体利益和目标的重要价值，认识到集体为社会发展做出的贡献和自己在集体中的价值，使成员产生强烈的情感共鸣，增强集体荣誉感、自豪感和责任感。通过开展丰富多彩的活动，给成员提供展示其才能与个性的舞台，提供自我选择和自我实现的机会，促使其关心集体、热爱集体。通过关心、解决集体成员在工作、学习、生活等方面的实际问题，改善其生活条件，增强成员对集体的感情，使其产生强烈的归属感。

2. 确立集体规范

集体是由若干个体构成的，要维持其存在、实现其目标，就需要有一定的规范来整合统摄成员的意见和看法，使之成为一个思想和行为具有一致性的整体。集体规范就是人们在共同生活中，认识和处理同类事务的一种格式化倾向，是集体成员在思想和行为上的统一的体现。集体规范一旦形成，就会产生巨大的压力。违反规范的集体成员，不仅会受到相应的处罚，而且会遭到其他成员的疏远甚至孤立。这对多数人来讲，是难以忍受的痛苦。因而，集体规范能够规约成员的思想和行为，协调集体行动，增强集体凝聚力。一是整合力量。集体规范认可度越高，其整合性就越强，成员的活动就越协调、越符合集体目标，集体的力量也就越强大。二是统一认识。集体规范是集体价值的体现，可以促使人们在认知和评价上趋于一致，形成共同的看法和意见。三是行为定向。集体规范规定了成员的活动范围和活动形式，明确告诉人们应该做什么，不应该做什么；应该怎么做，不应该怎么做。

3. 协调人际关系

和谐的人际关系是一个成熟集体的标志，也是集体凝聚力的基础。和谐的人际关系既能促进成员的学习、工作，也能维护其身心健康。和谐的人际关系，关键在于培养。思想政治教育在协调人际关系上有重要作用。一是引导人们正确认识个人与他人的关系。马克思主义认为，人是主客体的统一体，每个人的存在和发展都要以他人的存在和发展为条件，每个人的存在和发展也是他人的存在和发展的条件。一个人只有妥善处理好与他人的关系，建立并保持良好的人际关系，才能获得发展的良好条件。二是引导人们学会换位思考。和谐的人际关系建立在相互尊重、相互理解、相互支持的基础上。在交往中，尊重他人感受，欣赏他人，悦纳他人，设身处地地为他人着想，站在他人立场上考虑问题，这样容易产生情感共鸣。三是引导人们正确对待分歧。在集体中，有不同意见是常见的，也是正常的。我们应该懂得，集体中的每个成员都是平等的，都有充分发表意见的权利和机会，要严以律己、宽以待人，接受不同的观点和行为，容许对立意见存在，不计较他人过失，求同存异。四是化解人际矛盾与冲突。思想政治教育者通过仔细的调查研究，及时发现集体成员的思想矛盾、认识分歧、心理隔阂，通过深入分析找准原因，再对症下药，对相关人员进行教育，增进理解，消除误会，化解矛盾，改善关系。五是通过形式多样的集体活动，密切联系，加强沟通，促进交流，增进友谊，维护团结，从而营造一种平等友爱、相互了解、相互尊重、相互关心、相互信任的人际关系和集体氛围，增强集体凝聚力，增进集体团结。

4.培育合作精神

随着生产力的发展，生产的社会化程度越来越高，社会分工日益精细化。一项工作的完成，往往需要众多成员的协作。例如，在科学研究领域跨学科、跨领域的项目越来越多，只有不同学科、不同专长的专家分工合作、紧密配合，充分发挥每个人的创造性，才有可能攻克难关。集体力量的强大以个体力量的强大为基础，但是，集体力量不是个体力量的叠加。如果集体内部缺乏必要的合作而导致内耗，个体力量再强大也难以发挥出来。一个人，无论其能力如何出众，他也必须融入集体之中，才能充分展现自己的才能，实现个人价值。思想政治教育对合作精神的培育，不仅仅在于帮助人们认识到团结协作的重要意义，鼓励人们融入先进集体发挥自己的作用，同时也在于对个人至上主义的批判，对“鸡头文化”的摒弃。在我们的传统文化中，有一种“宁做鸡头不做凤尾”的思想。这种思想实际上是一种不思进取、小成即满的思想。有这种思想的人，往往也持个人至上主义，把个人才能凌驾于团队之上，这对于集体的发展是极为不利的，必须坚决摒弃。思想政治教育培育合作精神，并不否定正当的竞争，相反，主张以竞争促进合作。当今世界，竞争日益激烈，无处不在、无时不在。集体内部成员之间，既是合作关系，也是竞争关系。合理的竞争能够激发进取心、创造力，形成相互学习、优势互补、你追我赶、奋发有为的良好风气，提高成员的能力，增强集体的力量。

（四）培育集体文化

广义的集体文化是指集体成员创造的物质财富和精神财富的总和。狭义的集体文化是指集体成员创造的观念形态的成果。集体文化是一个集体的灵魂，每一个成员都能感受到它并受它的支配。集体文化类型多样，从集体自身的类型来看，可以分为企业文化、校园文化、军营文化等。从文化的样态来看，可以分为制度文化、行为文化、精神文化等。制度文化是集体的规章制度、行为规范及各种组织形式的总和，它规定、支配、协调着集体成员的行动；行为文化是集体成员在行为活动中体现出来的文化特质、文化品格，其中，集体的行为作风具有重要地位；精神文化指集体成员在共同生活中形成的价值取向、思想观念、情感态度等，是集体文化的灵魂。

集体文化对集体的发展有着重要作用。其中，精神文化更是集体生存发展的灵魂和精神支柱。海尔集团之所以能够从一家濒临倒闭的小厂发展成为全球化集团公司，一个关键原因就是注重培育以创新为核心的企业文化。海尔集团深刻地认识到，要在激烈的竞争中获得市场，必须要有强有力的精神支撑。因而，海尔注重培养企业文化，重视员工思想道德素质的提高。海尔集团的企业精神，不论是过去的“无私奉献、追求卓越”，还是今天的“创造资源、美誉全球”，都是其价值观的体现，反映了企业的经营指导思想、发展目标、价值追求。这不仅对企业的生产经营活动有指导作用，而且会对员工的精神状态产生极大影响，增强其社会责任感和开拓创新精神，提高其归属感和自豪感，使其自觉地把个人劳动的目的同企业的生存、发展联系起来，充分发挥积极性、主动性和创造性，从而增强企业的凝聚力和竞争力。

思想政治教育是培育集体文化的主渠道。实践中，高校校园文化建设以学工系统为主力，企业文化和军营文化建设也以政工干部为主力。思想政治教育可以帮助人们了解制度的必要性和重要性，掌握制度要求，并在实践中自觉遵守集体制度，按照相关制度行事，同时，积极参与制度的制定和修订，不断创新、完善制度，使之与不断变化的实际相适应，更好地规范、调节、引导集体行为。思想政治教育可以影响集体成员的工作和生活态度，影响成员的行为方式和行为习惯，使之形成具有鲜明集体特色的行为作风。如军人坐、站、行等都有其与众不同之处，艺术团体、科研机构等集体成员的行为也具有明显特征。这既是长期集体熏染的结果，也是思想政治教育的结果。通过思想政治教育还可以深刻影响集体的价值取向、思想观念、情感态度。集体价值取向就是长期思想政治教育的结果。由于自身因素、社会因素等方面的影响，每个人的价值观都有所不同，但对于一个集体来讲，它必须要求一致的内心信念和价值判断标准，要求形成共同的价值取向，否则，就难以引导集体成员实现共同目标。这就需要思想政治教育整合集体成员的价值观，形成符合集体特性的共同价值，并引导集体成员认同、内化共同价值，将集体价值转化为个人价值。可以说，集体的精神文化的形成主要是通过思想政治教育来实现的，其发展、传承也主要是通过思想政治教育来实现的。

三、个人价值

马克思主义认为，人的全面发展是人类的最高理想，社会的发展最终体现为人类自身的发展，并认为教育"是造就全面发展的人的唯一方法"①。思想政治教育是人的全面发展教育的重要组成部分，促进人的全面发展是思想政治教育价值的重要体现。在过去一段时间里，我们片面强调思想政治教育的社会价值，而忽视了思想政治教育对人的全面发展的促进作用，导致思想政治教育脱离了个人需要的满足、个人利益的实现、个人的发展。这致使人们认为，思想政治教育只对国家和社会有用，只对搞思想政治教育的人有好处，对接受思想政治教育的人没有好处，从而失去对思想政治教育的兴趣，甚至否定思想政治教育。实际上，思想政治教育不仅具有社会价值、集体价值，而且具有个体价值。这主要体现在引导政治方向，促进政治社会化；明确人生意义，丰富精神世界；提高道德修养，促进德性完善；增强主体意识，塑造健全人格；培养科学思维，激发创新能力等方面。

（一）引导政治方向，促进政治社会化

人是社会存在物，社会性是人的本质属性。马克思指出："人的本质不是单个人所固有的抽象物，在其现实性上，它是一切社会关系的总和。"②这就是说，一个人只有成为合格的社会成员，按照社会允许的方式活动，才能在社会中生存和发展。但是，人并非一生下来就是一个真正的"社会人"，就是一个合格的社会成员。他必须学习社会文化，掌握社会规范，扮演社会角色，履行社会义务，必须经历一个由"无知"向"有知"、由"自然人"向"社会人"的转变过程，也就是社会化的过程。

人的社会化是多方面的。其中，政治社会化具有十分重要的意义。政治社会化是一个双向过程。一方面，这是负有教育责任的政治组织和个人有目的、有计划地向公民灌输政治信息，使公民逐步形成符合社会要求的政治思维和政治行为能力的过程；另一方面，也是公民学习和接受现存政治体系所肯定的政治知识、政治规范、政治信仰，形成相应的政治思维，产生相应的政治行为的过程。可见，政治社会化既需要一定的组织和个人传播政治知识、政治规范，也需要人们发挥主观能动性形成一定的政治观点、政治态度、政治情感、政治信仰和政治价值观，掌握相应的政治行为技能与方式。

思想政治教育是促进公民政治社会化的重要途径。类似的教育实践各国均有，只是称谓不同而已。不论是"公民教育""国民精神教育""共同价值观教育"，还是其他称谓，都难掩其实质。促进个体政治社会化，培养合格的社会成员，都是其目的之一。我们党的思想政治教育体现着社会发展要求，其主要目的之一，就是培养中国特色社会主义事业的合格建设者和可靠接班人，就是培养献身于社会主

---

① 《马克思恩格斯选集》第二卷，人民出版社，2012，第 230 页。

② 《马克思恩格斯选集》第一卷，人民出版社，2012，第 135 页。

义事业的合格“政治人”。具体而言：

第一，传授先进的政治知识。掌握一定的政治知识和政治规范，是个体政治社会化的基础。思想政治教育通过国情教育，引导人们认清我国历史和发展现状，增强使命感和责任感；通过政治教育，正确认识国家性质、政治制度、政治体制和公民的政治权利与义务；通过党的路线、方针政策教育，使人们明了党的路线、方针、政策同中华民族前途命运、同人民群众根本利益的关系，增强贯彻落实的自觉性；通过民主法治教育，增强民主意识和法治观念，等等，从而帮助人们掌握政治知识和政治规范，为实现有效的政治参与奠定基础。

第二，塑造良好的政治心理。政治心理是人们在政治生活中体现出来的政治情感、政治态度和政治信念。思想政治教育通过爱国主义、社会主义和集体主义教育，培养人们对国家、民族、党和社会主义制度的深厚感情。思想政治教育引导人们正确分析政治事件、正确认识政治人物，有序表达自己的政治观点和看法，纠正消极、偏激的政治态度，促使人们形成积极、理性的政治态度。通过深入的理想信念教育，帮助人们认识党的政治目标、政治理想，加深对中国共产党的信任，形成对国家政治生活、政治目标、政治理想确信无疑的观念，增强发展社会主义民主政治的动力。

第三，培养科学的政治价值观。政治价值观建立在政治认知、政治情感和政治态度基础之上，深刻影响着人的政治取向和政治行为，是政治社会化的关键环节。思想政治教育通过辩证唯物主义和历史唯物主义教育，帮助人们认清社会发展趋势，认清政治发展的表现和规律，掌握认识政治问题、分析政治现象的基本知识和方法，形成科学的政治价值观。

第四，保证正确的政治方向。政治社会化不是抽象的，它具有明确的方向。我们的思想政治教育不是让人们认同任何一种政治制度、政治理想，而是要使人们坚持党的领导，拥护社会主义制度，在大是大非面前始终保持清醒的头脑，引导人们成长为中国特色社会主义的合格公民。

第五，调动政治社会化的主动性。如前所述，政治社会化不是单向和被动的。思想政治教育在传播政治知识、政治文化、政治规范的同时，还引导人们积极参与政治生活，在实践中运用政治知识体验政治规则，感受自己在政治过程中的作用，调动人们掌握政治知识、参与政治生活的积极性，将社会长期积累起来的政治知识、观念、规范和技能内化，促进政治社会化。

（二）明确人生意义，丰富精神世界

人不仅是自然存在物，更是社会存在物和精神存在物。他不仅需要多种物质资料来维持生命的存在，而且需要丰富的精神财富来确证其“意义”存在。意义的

缺失将使人湮灭于自然界。人与动物的一个显著区别就在于：人的生命具有高于生命本身的目的、意义。马克思指出："有意识的生命活动把人同动物的生命活动直接区别开来。"①

人是有目的、有意识的存在，从未放弃对自身价值和生存意义的探求。人不是简单地按照自然所规定的那样活着，而是按照他的自由意志活着。人的一生就是一个不断发现意义、生成意义、实现意义的过程。追求意义的过程，就是人们不断否定自身的现实存在，不断把现实变为更为理想的现实的过程；就是人们不断超越现实、不断超越自身局限的过程。追求意义体现了人对自身完整性的追求，人类正是在对意义的追求中，不断扬弃生活样态和生活方式，不断实现自我发展。

不仅马克思主义强调意义对于人的重要价值，西方哲学也对意义追求给予了肯定。托克维尔指出："人类社会如果不追寻存在的意义与目标'就不会欣欣向荣'，甚至可以说'就根本无法存在'。"②拉内认为："人是一种'发问的存在'，只要人活着，他就要去探求活着的意义，从而不断超越自我，直到达于至善。"③赫舍尔认为："人的存在从来就不是纯粹的存在，它总是牵涉到意义。意义的向度（demension）是做人所固有的，正如空间的向度对于恒星和石头来说是固有的一样。"④人作为一种特殊的生命存在，总是在追求自我超越，赋予有限的生命无限的价值和意义。这就是所谓的"终极关怀"，就是人对自己生命意义的终极性的、超越性的追求。

改革的全面推进和开放的不断扩大，帮助人们摆脱了精神上的束缚，解放了人们的思想；唤醒了人们的主体意识，增强了人们的独立性，中国人的精神面貌发生了巨大的变化。但是，急剧的社会转型，打破了旧的价值系统，却未能及时建立起新的价值体系。人们的精神世界由于多元文化冲突，多元价值碰撞，使人们以往恪守的价值观念、坚持的理想信念受到严重冲击，出现了不同程度的信仰危机、价值迷惘、道德困惑；日趋激烈的社会竞争，不断扩大的收入差距等问题，给人们造成了巨大的心理压力，使许多人失去了内心的宁静，产生了焦虑、紧张、无奈、愤怒等负面情绪，甚至严重的心理问题。精神支柱的缺位、移位，不仅造成了巨大的精神痛苦，也严重败坏了社会风气。人们迫切需要明确人生意义，构筑精神家园，获得心灵的安定。

迅速发展的生产力，不断丰富的物质生活，并没有带来精神的富足，反而是彷

① 《马克思恩格斯选集》第一卷，人民出版社，2012，第 56 页。

② 王东莉：《德育人文关怀论》，中国社会科学出版社，2005，第 274 页。

③ 同上。

④ A. J. 赫舍尔：《人是谁》，隗仁莲译，贵州人民出版社，1994，第 46－47 页。

徨、失落。为什么会这样？原因就在于人们关注外物甚于关注内心，越来越轻视“内心生活、思考和默想”的重要性。随着市场经济的发展，在“重义轻利”思想和计划经济条件下被长期压抑的个人意识和利益意识得到释放，人们的物质需要空前高涨。但是，物欲的膨胀也导致了一些人价值理性的迷失，导致了物质价值高扬而精神价值失落，他们失去了精神支柱，并产生一定程度上的“意义危机”。事实证明，物质丰裕并不等于精神富足，物质生产力的提高并不会自然而然地带来精神世界的充实。卢梭曾经指出：“如果丰实的物质伴随着人性的丧失，如果人的世界充满了财物，而唯独人的心灵、人的德性、人的情操失落了，那么，这不是人类的幸福，而是人类的悲哀和没落。”①人总是需要精神的，意义是人生存的依托。思想政治教育对于满足人的意义需要、精神需要具有不容忽视的作用。

第一，指引人生方向，克服无根生存。无根生存表现为信仰缺失，沉溺于物欲，缺乏超越性追求，把握住暂时而失去了永恒。② 自由自觉的人，不仅需要不断地与他人发生密切联系，而且需要不停地与自身打交道。思想政治教育关注人生意义等终极问题，担负着构筑人的精神世界，满足人们对生命、生活的意义追求的重任。思想政治教育能够激发人们审视自己的生存方式，参照自己的内心世界，不断思考生命的意义、人生的价值，探寻人生的终极目的和精神归宿；帮助人们解决人生困惑，超越外物束缚，构筑精神家园，维护至真至诚的崇高理想与价值追求，安放灵魂、寄托精神，实现人自身的和谐。

第二，明确人生价值，化解困惑生存。现代社会是价值多元的社会，古今中外新旧价值观念蜂拥而至、交融碰撞，使人们面临着价值选择的困惑，处于一种迷茫无奈、不知所措的困惑生存状态。同时，畸态高扬的物质价值也导致价值平面化，甚至虚无化，压缩了价值选择的空间，使人们面临着选择的困惑。对广大青少年来说，困惑尤甚。此外，急遽的社会变革打破了原有的社会组织系统，一些人在获得身份自由的同时，也失去了明确的组织归属，出现了身份认同危机，难以有效进行价值选择。价值观教育是思想政治教育的重要内容，它引导人们正确认识个人与集体、社会、自然的关系，确证自身所处的位置，客观评价自己和外部事物；引导人们正确认识奉献与索取、付出与回报，将社会价值与个人价值统一起来；帮助人们正确认识物质需要与精神追求的关系，进一步激发人们自我发展的愿望，鼓励人们在物质需要得到一定满足的基础上，追求高尚的精神境界；鼓励人们通过正当途径满足自己的多方面合理需要，提高物质生活和精神生活质量，实现创造与享受的一致。

---

① 王东莉：《论思想政治教育人文关怀价值建构的现实背景》，《浙江社会科学》2004 年第 6 期。

② 冯凡彦、唐伟：《人的非确定性生存与思想政治教育的形上追求》，《山东社会科学》2009 年第 2 期。

第三，端正人生态度，消解焦虑生存。社会竞争、收入差距等使许多人失去了内心的宁静，处于惶恐不安的生存状态。无休无止的物质追求，也导致人们烦躁不安，身心疲惫。消解焦虑生存，不仅要求社会和谐发展，也要求人们端正人生态度。人生态度主要是心态问题，是人们对于自身和生活的认识与体验。它不仅关系到事业的成功与否，也关系到人们的生活质量和幸福程度。关心人、尊重人、发展人是思想政治教育的基本原则，它以饱满的人文情怀高度关注人们的生活状态。它帮助人们掌握唯物辩证法，用全面的、联系的、发展的观点看待变化的世界，认清世界的本来面貌；帮助人们形成正确的人生观，科学看待得失、成败、苦乐、荣辱、生死等人生问题，摒弃以金钱多寡、权势大小、地位高低来衡量人生价值的陈旧观念；帮助人们正确认识竞争与合作、机遇与挑战，鼓励人们勇敢面对现实，以积极的心态参与竞争，以乐观的心态面对挑战；帮助人们解决思想困惑，缓释紧张情绪，慰藉人的心灵，使人们获得内心宁静，享有积极、健康的人生。

总之，思想政治教育不仅要引导人们关注社会，还要引导人们关注自身，关注自己的内心世界，构筑精神家园，追寻生命的意义，以达到鲁迅先生所说的："骛外者渐转而趣内，渊思冥想之风作，自省抒情之意苏，去现实物质与自然之樊，以就其本有心灵之域；知精神现象实人类生活之极颠，非发挥其辉光，于人生为无当；而张大个人之人格，又人生之第一义也。"①

（三）提高道德修养，促进德性完善

人是社会的存在物，社会性是其本质属性。人们在社会生活中，就必然要处理好个人与他人、个人与社会的关系，这就需要道德。道德是人之所以为人的依据，反映了社会生活的应然状态，体现了人对自身完整性的追求。道德修养的高低，直接反映着人的发展程度的高低。一个全面发展的人，必然是品德高尚之人。

提高道德修养对于人的全面发展具有重要意义。一是把握人生方向。马克思在《＜政治经济学批判＞导言》中指出，人类把握世界的方式有四种：科学精神、艺术精神、宗教精神和实践精神。道德以实践精神来把握世界。它以善恶评价为手段，以应当与不应当为尺度，告诉人们什么样的人生最理想，应该如何完善人格和提升人生境界，从而使人生更充实更圆满。二是协调人际关系。人与人之间难免会产生矛盾，这些矛盾如果处理不好，就会影响人们的正常生活。道德是调节人际关系的重要手段。它通过社会舆论、传统习惯、内心信念来指导人们的行为，协调个人利益与他人利益、社会利益之间的关系。三是提供精神动力。道德具有鲜明

① 《鲁迅全集》第一卷，人民文学出版社，1981，第54页。

的理想性，体现着人们对“应当”的追求。它立足现实，展示理想人格，为人们确立所应追求的道德目标，激励人们为之奋斗；它褒扬真善美，贬抑假恶丑，激发人们道德上的认同感、成就感、尊严感和荣誉感，促使人们“知善从善”“见贤思齐”“见不贤而自省”，从而不断自我完善。①

当前，社会主义市场经济的发展和对外开放的扩大，对人们的道德修养提出了更高的要求。市场经济强调开放、竞争，也肯定个人的利益。面对激烈的社会竞争和多样的利益诱惑，一些人丧失了道德，为了物质利益不择手段。在经济领域，存在诚信不张，假冒伪劣等现象；在文化领域，存在青少年过度崇拜影视明星，将其视为人生榜样等问题，严重影响整个社会风气。

为了利益不择手段以致道德沦丧，损害他人合法权益，甚至导致观念扭曲，不能简单归咎于市场经济或其他外部因素，而必须从人们所认可的人生价值实现寻找原因，最关键的一点，就是人们不重视自身道德修养的提高，轻视了人之为人的内在要求，而道德教育是思想政治教育工作的重要组成部分，提高人的思想道德水平及个体修养是思想政治教育的重要内容之一。

（四）增强主体意识，塑造健全人格

健全人格是各种人格特征的完美结合，思想政治教育具有塑造健全人格的重要价值。② 人格健全，在行为上会表现为：心理和谐发展，言行统一；能够正确处理人际关系，发展友谊，既不随波逐流，也不孤芳自赏；能有效运用自己的智慧和能力，工作积极性高，富有创造性。健全人格是人全面发展的内在要求。

具有健全人格的人，能积极把握人生，主动迎接挑战，具有创造人生的热情和自强不息、坚韧不拔的精神。健全人格不是与生俱来的，而是通过后天环境影响和教育熏陶逐渐形成的。塑造健全人格是教育的核心，也是接受教育的目的。正如陶行知先生所说：“千教万教，教人求真，千学万学，学做真人。”思想政治教育通过对人的教育、引导、启发等工作，增强主体意识、促进心理和谐、发展自由个性，帮助人们健全人格，使人们在改造客观世界的同时不断改造主观世界，不断提高自身发展水平。

第一，增强主体意识。增强主体意识是塑造健全人格的内在要求。人是社会活动的主体。正是主体意识确立了人在自然、社会和自我关系中的主体地位，使人成为自由自觉的主体。主体意识的觉醒和增强，对人的全面发展至关重要。一是增强自主性。主体意识较强的人，能够正确认识自己的身心状况，以及自己和周围

---

① 闵绪国：《马克思主义幸福观论析》，《高校理论战线》2010年第2期。

② 高玉祥：《健全人格及其塑造》，北京师范大学出版社，1997，第16－17页。

世界的关系,实现认识自己和对待自己的统一,实现自身与外部世界的统一。他们不仅能适应外部世界,而且能改造外部世界来服务自己。二是增强自觉性。能对价值、尊严等实现自觉选择和维护,能自觉选择行为方式并加以主动控制,使之符合预期目的。三是增强创造性。主体意识越强,越能清晰而自觉地认识自己在世界中的地位、作用、权利、义务,以及自身的力量,越能自觉地追求和占有人的本质,越能实现自身价值,越能创造社会价值。思想政治教育关注人的发展。思想政治教育的过程,就是一个不断激发自我意识、增强主体意识的过程。它引导人们正确认识自我的需要、能力和价值,正确认识自己与外部事物的关系,使人们深刻地认识到在与对象世界的关系中,人始终是主体。它充分肯定人的主观能动性,帮助人们克服依赖性、保守性、狭隘性,增强创造价值的信心与勇气。它能帮助人们树立远大理想,激发发展欲望和追求崇高的自觉性,以积极进取的人生态度,追求完满人生。从而引导人们由他律走向自律,成为自己人生的主宰。

第二,促进心理和谐。心理和谐发展,内心协调一致,是健全人格的基本要求。在快节奏、高压力的现代社会,人们常常感到无所适从,常常感到紧张、烦闷、苦恼、焦虑、挫败,心理问题明显增加,焦虑症、抑郁症、人格分裂等不仅影响个体健康,也影响社会和谐。人们急需通过一定的途径实现内心的平衡,摆脱浮躁,把握宁静。思想政治教育关注人的内心世界,善于化解心理困扰。首先,它能有效进行心理疏导和调适。心理状态是一定社会存在的反映,任何心理问题都有其原因。焦虑、紧张等心理问题,往往与人们在日常学习、工作、生活中遇到的困难有关。思想政治教育创设心理情境,为人们提供抒发情感的场所,倾诉自己的烦闷、苦恼,使消极情绪得以宣泄,并在此基础上,深入分析问题产生的主客观原因,抓住问题的症结,有的放矢、对症下药,帮助人们走出心理困境。其次,它能普及心理健康知识,防患于未然。通过心理健康教育,帮助人们认识常见的心理问题及其产生原因,正确面对压力和挫折,掌握自我调适的方法;并有针对性地进行心理训练,锻炼心理品质,学会调节情绪,保持乐观心态,加强意志磨炼,提高心理自控能力,从而养成积极进取、乐观向上的心理品质,保持内心和谐,维护心理健康。

第三,发展自由个性。个性是人相对稳定的特有品质,是人的自然性、社会性和精神性的综合体现。个性是不可复制的,这体现了个体的特殊性。每个人都有区别于他人的独特个性。思想政治教育尊重人的特殊性,引导人们发展个性,以实现"真正的自我";鼓励人们结合社会条件,根据自己的兴趣爱好,找到一条最能发挥创造性和体现个性的道路。同时,人的个性是多样的,既有积极健康的,也有消极病态的。思想政治教育通过创设评价环境,对人们的思想和行为进行评判,肯定正确的思想和行为,矫正错误的思想和行为,引导人们不断地自我调整,巩固正确的思想和行为,并使之习惯化,从而优化个性。

(五)培养科学思维,激发创新能力

日趋激烈的国际竞争和全面展开的中国特色社会主义建设,对中华民族的创新能力提出了新的更高要求。习近平总书记指出:“中国要强盛、要复兴,就一定要大力发展科学技术,努力成为世界主要科学中心和创新高地。”培养科学的思维方式,是提高创新能力的前提。

“思维方式是按一定结构、方法和程序把思维诸要素结合起来的相对稳定的思维运行样式。”①思维方式对人们认识和改造主客观世界具有重要影响。掌握科学思维方式,有助于解放思想、更新观念、积极实践。人类的每一次进步,都以科学的思维方式为前提,都伴随着思维方式的革新。当今社会,科学技术迅速发展,信息海量增长,对人们的思维方式提出了更高的要求,这要求思维方式本身也要现代化。

思想政治教育对科学思维方式的培养具有重要作用。马克思主义是关于自然界、人类社会和人类思维发展普遍规律的科学,是从对客观世界的研究中,从对人类历史的研究中,提炼出来的具有普遍意义的规律性认识。它居于认识领域的最高层次,具有其他精神产品不可代替的指导意义。思想政治教育通过传播马克思主义理论,以科学的理论武装人,使人们的思维从狭隘的视野和形而上学中解放出来,培养科学思维方式。同时,思想政治教育还通过形式多样的实践活动,锻炼和提高人们的思维能力,促进思维发展。具体而言,一是坚持一切从实际出发。这是科学思维方式形成的前提。唯物主义强调“社会存在决定社会意识”,人类的一切活动都必须从实际出发,不能主观臆断,否则就会迷失方向、步入歧途。二是强调理论联系实际。这是科学思维方式形成的基本途径。理论是人们对实践中形成的认识的科学总结。实践是理论的来源,是理论发展的动力,是检验理论的标准。理论只有与实践相结合,才能对认识世界和改造世界起到指导作用。只有在理论与实践的结合中,克服教条主义、经验主义,人们的思维方式才既具有前瞻性,又符合实际,从而发挥指导作用。三是培养辩证思维。在辩证唯物主义看来,一切事物之间及内部诸要素之间都是普遍联系的,普遍联系的事物是不断运动、变化和发展的。这就要求我们要全面地看问题,不以偏概全;要以发展的眼光对待人和事物,不静止僵化;要由表入里把握事物本质,不囿于表面。四是保持思维的独立性。科学的思维应该是独立的。思想政治教育鼓励人们独立地思考问题和解决问题,凡事有主见,不人云亦云,善于排除不同看法的干扰,使认识尽可能符合事物的本来面貌,提出自己的真知灼见。五是发展思维的批判性。富有怀疑精神,敢于冲破陈

① 李秀林、王于、李淮春:《辩证唯物主义和历史唯物主义原理》,中国人民大学出版社,1995,第398页。

旧观念,勇于另辟蹊径,不囿于陈说,不迷信权威;富有"自我批判"精神,善于克服思维定式,不断自我追问,勇于承认和修正自己的错误;在继承中批判,在批判中超越,使自己的思维、认识随实践的发展而不断发展。总之,思想政治教育不仅为人们的思维发展提供理论支撑,而且为人们思维的革新提供方法论指导,推动思维的不断发展,真正提高人们的思维能力。

思想政治教育还能直接激发创造活力,提高创新能力。因为良好的思想政治素质是创新能力的源泉和不竭动力。一是促进思想解放。思想是行动的先导,要创新就必须首先突破陈旧思想的束缚。回顾我们的奋斗历程,尤其是改革开放以来的历程,我们在实践中的每个重大成就,理论上的每个重大突破,都是解放思想的结果。什么是解放思想呢?邓小平指出:"我们讲解放思想,是指在马克思主义指导下打破习惯势力和主观偏见的束缚,研究新情况,解决新问题。"①强调解放思想必须坚持以马克思主义为指导,而不是背离马克思主义的胡思乱想。这就需要发挥思想政治教育的作用,帮助人们用马克思主义的立场、观点、方法来研究实际问题,创新思想。二是促进智力发展。创新,当然要以智力的发展为前提。智力的提高主要依靠科学文化教育和学习,主要依靠智育。尽管思想政治教育不是智育,但思想政治教育也是智力发展的重要推动因素。因为智力不是孤立地发展的,而是与其他素质尤其是思想政治素质相互作用、相互促进的。思想政治教育可以引导人们把科学研究理论学习与远大目标、崇高理想结合起来,给予人们无限的动力,最大限度地调动自身潜力,开发智慧宝库。思想政治教育还可以锻炼科学思维,提高获得和运用知识的能力。智力的高低不仅取决于知识量的多寡,更取决于获得知识、运用知识能力的强弱。三是锻炼顽强意志。创新实际上是一个破旧立新的过程,会遇到难以想象的阻力,时刻面临着挫折和失败。同时,推陈出新是一个长期的过程,需要持之以恒的不懈努力,其间往往有反复。因此,真正的创新不可能一蹴而就、一帆风顺,没有顽强的意志、百折不挠的精神,不可能获得成功。思想政治教育不仅能使人们认识到创新过程的艰难,而且能通过榜样教育等途径,培养人们刻苦钻研的精神、顽强的意志。

思想政治教育的社会价值、集体价值、个体价值相互依赖、缺一不可,不能用任何一种价值去取代其他价值,也不能轻视其中某种价值,必须既考虑社会和集体的需要,又考虑个人需要,在实践中注意将思想政治教育的社会价值、集体价值、个体价值统一起来,促进人的全面发展,推动社会的全面进步。

---

① 《邓小平文选》第二卷,人民出版社,1994,第279页。

第二章　高等学校思想政治教育特点

大学生思想政治教育就是要推动大学生思想政治教育发展，指导大学生思想政治教育实践。

中国共产党代表着最广大人民的根本利益，将实现人类的解放事业作为自己的终身使命。中国共产党加强和改进大学生思想政治教育，以实现大学生自由而全面的发展为终极价值追求。当代大学生主流的思想政治状况是积极、健康、向上的，对坚持中国共产党的领导、走中国特色社会主义道路、实现中国梦充满信心，高度评价并充分信赖党的新一届中央领导集体，关心国内外时事热点，普遍认同国家统一、民族团结、社会稳定，但一些大学生也不同程度地存在政治信仰迷茫、理想信念模糊、价值取向扭曲、诚信意识淡薄、社会责任感缺乏、艰苦奋斗精神淡化、团结协作观念较差、心理素质欠佳等现象。

第一节　大学生的基本特征

大学生是学习生活于大学校园中的青年学生群体。大学生群体的基本特征，是中国共产党制定大学生思想政治教育目标任务、加强和改进教育内容和途径方法的客观依据，是实施思想政治教育的出发点。

一、社会特征

大学生是与社会高等教育的专门机构——高校相联系的青年群体，因大学的存在而存在。而大学则是社会文明发展的产物，是社会生产力发展到拥有相当剩余产品，专门从事精神文化生产（包括记载和提升来自生产实践的经验知识，抽象出学术理论和思想观念，进行文学艺术创作等）的职业分工已确立，国家需要有智慧、有德行和统治技能的官吏来掌管的情况下而产生的，并在近现代社会因要求各类从业人员具备高水平的专业知识和职业素质而迅速发展，它历来是社会思想文化与科学知识汇集、传承、创新并转化为大学生素质的教学与研究机构。因此，从历史发展的纵向角度看，大学生的社会特征总是与所处社会的文明状态，以及由其决定的大学教育性质相一致，表现出不同时代的大学生具有不同的文化特征和气质。从同时代同类群体横向比较的角度看，与其他青年群体相比，大学生具备更高的文化素质和创造性潜力，拥有更突出的促进社会文明发展的潜能和素质条件。

我国有史料记载的大学，大约产生于由奴隶制向封建制过渡的春秋战国时代。学界认为，孔子是我国高等级私学的创始人之一。他创办的私学，有教学活动的“室”，有学生居住的“内”，先后有学生三千人。传授探讨的是治国之道、人伦之理、自然和社会运行规律等比较高深的知识和思想，进行比较高级的思维和道德修身的指导。在孔子私学的带领下，同时代的诸子学派创始人纷纷建立私学，吸引来自社会各阶级的好学者和士民①，培养自己学派的门徒。当时的诸侯强国——齐国，为广揽天下人才为其所用，在稷门设学，建立了史称“稷下学宫”的官立大学，鼎盛时学生有近一千人，被认为是中国最早、规模最大且比较正规的官立高等学府。比柏拉图在雅典创办的学院至少还要早二十年。② 春秋战国时期各学派建立的高等级私学和齐国官办的“稷下学宫”，为当时处于激烈争霸中的各诸侯国培养出了多方面的谋略与治国人才，不仅为我国古代第一个思想文化高峰时代的形成及其发展，创造了持续的后学条件，而且为我国封建社会设置高等教育奠定了基础，确立了基本范式与教育性质③。

秦汉以后，统一的中央集权的封建制及相应的统治阶级意识形态得到了确立和巩固。历代封建统治者为了维护中央集权的封建统治秩序，大都倡导兴办学校以施教化，重视设立中央政府管理和州郡政府管理的官立大学，支持名儒学者兴办私学，教育培养所需的统治人才和文化人才。尽管各朝代的大学设置和管理有所不同，大学生来源逐渐复杂多样，数量有所增加，但主要还是中小地主阶级家庭出身的子弟。就全社会的青年比例看，仍属于极少数的文化精英。教学的内容虽因各朝代的文化需要和人才需要有一定的差异，但无论哪类大学，被封建统治阶级确立为社会正统文化的儒家思想及其“经学”始终占据着教学内容的主导地位。尽管在封建专制主义官本位思想和科举制度的双重作用下，封建时代的不少学子将金榜题名、光宗耀祖、荣华富贵作为学习的根本目的和最终理想，当官做老爷、升官发财的封建思想严重。但儒家文化中积极入世、仁爱公正、追求做精神境界高尚的“志士”“贤士”的优秀文化传统，以及源远流长的“大学之道，在明明德，在亲民，在止于至善”的大学教育修身宗旨，也培养了古代不少优秀学子、“志士仁人”的精神文化气质。史料中就记载着不少学子坚持“富贵不能淫，贫贱不能移，威武不能

① 《辞海》注为：“《穀梁传 · 成公元年》：‘古者有四民，有士民，有商民，有农民，有工民。’何休注：‘士民，学习道艺者。’”也即脱离生产劳动，以自然知识、礼仪祭祀和精神文化的学习研究为主，并以此为业，服务各阶层精神文化需要和各诸侯国统治需要的脑力劳动者。

② 熊明安：《中国高等教育史》，重庆出版社，1988，第 36－37 页。

③ 同上书，第 37 页。

屈”的志士精神和操守的故事。这些学子达则入仕为官，兼济天下；穷则独善其身，为文为师，著书立说，传承和发展中华民族的精神文化。其中一些入仕为官的学人，或能执正为公，秉实上书，刚直不阿，锐意改革，甚至不惜生命；或能为官一方，先天下之忧而忧，后天下之乐而乐；或能在抗击侵略者的战争中，挺身而出，留取丹心照汗青，表现出可贵的爱国为民的情怀与气质，为中华民族的文明发展和国家统一做出了名垂青史的贡献，为中华文化和后学留下了宝贵的精神财富和人格榜样。

进入近代以来，我国沦为半殖民地半封建社会，在抗击西方列强的一系列惨败中，清朝统治者中的洋务派认识到了西方科技对增强国力的重要作用，开始陆续创办与西方近代大学接轨的新式学堂，派遣留学生出国留学，翻译西学书籍。“从19世纪60年代到90年代的30多年的洋务运动期间，创办了30多所外国语、军事科技新式学堂。”①辛亥革命胜利后，在当时的思想文化界和教育界民主进步人士掀起的学习西方教育思想和教育制度，倡导科学与民主的新思想、新文化运动推动下，在新兴民族资产阶级发展民族工业和各政治派别急需各行各业专门人才的要求下，民国初建的十年时间里，政府陆续颁布和实施了《大学令》《专门学校令》《师范教育令》等法令，废除了封建纲常和忠君教学内容。在认真吸取西方发达国家高等教育经验基础上，构建起了我国近代大学的雏形。历史地看，民国前期的高等教育改革措施，推进了我国大学向世界近代大学的转型和变革，增强了大学对我国民主革命和社会文明发展的推动作用，培养了由封建国家向现代国家转型急需的各类人才，并奠定了我国近现代大学发展的基础。以北京大学为例，1917年，蔡元培任北京大学校长，他“依各国大学通例，循思想自由原则，兼容并包”②，对当时封建复古思想和顽固势力、缺乏民主革命气息的北京大学进行了重大改革。聘请一大批来自全国各地、持不同学术思想、有不同学科专长的知名教授到北京大学任教，形成了共产主义、无政府主义和国粹主义并峙；各种人物如倡导白话者、主张文言者，还有穿着马褂拖着长辫而持复辟论者，汇集一堂的状况。这种学术思想兼容并包、自由发展的大学改革，主观上提高了北京大学的教育质量，提高了社会知名度，客观上对学生的革命思想起到了保护的作用，从而使北京大学成为新文化运动的策源地、马克思主义的传播中心、五四运动的兴起地。不仅对资产阶级民主革命给予了思想文化方面的支持，而且对中国共产党的诞生和新民主主义革命的兴起起到了积极的推动作用。中国共产党成立时，13位中共一大代表中有5位是来自北京大学的师生。因此，从总体上看，近代以来的反帝、反封建的民主革命历史使命，以及不可阻挡的民主与科学的大学教育新潮流，尤其是马克思主义在青年大学生

① 郝维谦、龙正中：《高等教育史》，海南出版社，2000，第4页。

② 《蔡元培选集》，中华书局，1959，第334－335页。

中的传播和影响，使这一代大学生大多数形成了追求民族独立解放、自由平等和爱国奉献的理想和精神。他们中的优秀者，上下求索，寻求救国强国的真理与道路，次次敢为天下先地组织和参与反帝、反封建、反独裁的游行示威活动，以此启蒙和唤醒广大民众的革命觉悟。其中不少人由此自觉地走向中国共产党领导的革命阵营，走上与工农结合的革命道路，成为坚定的马克思主义者；不少青年学子面对国难，弃学从军，勇赴抗击日本侵略者的战场；还有不少远赴海外的留学生，潜心学习发达国家先进的科学理论和科技知识与技术，成为我国科学界、教育界的先驱，成为工业、农业及军事武器现代化发展中的开拓者。近现代大学生群体，在争取民族独立、解放和自强的民主革命中发挥的作用，正如毛泽东所说："中国反帝反封建的人民队伍中，有由中国知识青年们和学生青年们组成的一支军队"，他们"起了某种先锋队的作用……就是带头作用"。[①]

新中国成立后，党和政府通过对原有解放区大学的整合，对旧中国留下的205所大学进行逐步改良、调整与建设，建立起适应社会主义建设需要的高等教育体系，推动了高等教育的快速发展。在新生的社会主义制度和优良社会风气的熏陶下，在为社会主义建设服务和与生产劳动相结合的高等教育方针的指导和培育下，大学生养成了与社会主义相一致的精神面貌。他们热爱社会主义祖国，对党信任忠诚。将掌握科学文化知识、增强为人民服务的专业本领作为天职，学习认真刻苦，具有钻研精神，积极参加与生产劳动结合的各种开门办学的实践活动，追求又红又专的人生发展。不少大学生毕业时自愿申请到边疆去，到艰苦的地方去，到祖国最需要的地方去，将所学的专业知识回报给祖国和人民，奉献给社会主义建设的伟大事业。这一代大学生毕业后，在国家一穷二白、被帝国主义封锁禁运的艰苦环境下，为新中国工业、农业、国防和科技文教事业的发展做出了显著贡献。

改革开放后，通过由计划经济向社会主义市场经济体制的改革及融入经济全球化的开放，我国的经济发展取得了举世瞩目的成就。2010年，我国国内生产总值达40万亿元，超过日本成为世界第二大经济体，基本实现了近代以来几代中国人追求国家富裕的目标。社会各阶层人民的总体生活水平得到极大的改善和提高。高校的发展与改革开放后社会发展同步而行。在医治好"文革"创伤、恢复正常的招生制度和教学秩序后，为培养改革开放所需要的各类专门人才和创新型人才，高校也进行了一系列改革，注入了社会资源和社会需要的巨大活力，促进了高等教育飞跃发展。进入21世纪以来，高校的数量及其学生容纳量得到了前所未有

① 毛泽东：《青年运动的方向》，载《毛泽东选集》第二卷，人民出版社，1991，第565页。

的大发展。实现了高等教育从改革开放初期的精英化教育向大众化教育的飞跃。① 高校由改革开放之初毛入学率不到8%的少数知识青年精英的深造之地，转变为数量众多的知识青年为提高思想道德素质和专业知识技能、谋求未来更好发展的必经之站，成为培养中华民族伟大复兴所需的、数量庞大的建设者和接班人的高等级教育园地。相对于改革开放初期经历了"文革"和上山下乡锻炼的前几届大学生，改革开放后出生与成长的"80后""90后"大学生更能代表这一时代的大学生特性。高等教育大众化的发展，使这一代大学生在青年中的占比逐年提高，数量大大增加。大学的类型多样化，加上高等教育大众化整体提高了青年受教育程度，使大学生面临个人就业和个人发展资源的激烈竞争，以及一个价值追求多样化的开放环境。因而，整个大学生群体的智能和道德素质不可能像以往那样精英化、同质化。专业素质的多层次性，思想的多样性、复杂性、矛盾性的特点突出。但从本质和主流上看，这一代大学生认同中国共产党建设富强、民主、文明、和谐、美丽的社会主义国家的社会理想，拥护党代表人民意愿确立的改革开放的基本国策和推进改革深化的举措，有实现中华民族伟大复兴的使命感，有追求个人更好发展的强烈期待和梦想。不少大学生接受高等教育的学历层次越来越高（从本科到硕士，甚至到博士），学习时间越来越长，毕业后很多人进入了我国政府、学校、科研单位和众多高科技企业工作，成为这些知识密集型单位和新业态领域的骨干员工，成为国家科技创新实验的主力军，为我国经济生产方式的转型升级、尽快跻身于现代科技强国的行列，发挥着科技与创新的智力支持作用。

对我国不同社会形态和不同时代的大学生与社会文明同行特征的分析表明，大学生是社会文明发展的产物，社会越是走向文明和现代，高等教育就越发达，大学生在青年中的占比就越大。大学生身上总是折射着特定社会、时代及高等教育发展的社会文明特质。社会文明发展成果培育了大学生，大学生又对社会文明发展产生潜在的推动作用。大学生是社会文明发展链条上不可或缺的一环，连接着我国文明发展的现实和未来。大学生是实现中华民族伟大复兴的希望，肩负着把我国建设成富强、民主、文明、和谐、美丽的现代化国家的伟大使命。

二、行为特征

大学生作为正在接受高等教育的青年学生，在生理—心理—行为的发展上具有与其年龄和独特的社会性发展相一致的特征。大学生心理研究显示，大学生生

---

① 对高等教育大众化最经典的定义来自马丁·特罗。他以适龄青年接受高等教育的比例为指标，将高等教育划分为精英、大众、普及三个阶段：当毛入学率在15%以下时，为高等教育的精英化阶段；当毛入学率达到15%～50%时，为大众化阶段；当毛入学率达到50%以上，为普及化阶段。

理发育已达到成人水平,体能处于人生高峰期,体力充沛,精力旺盛,能长时间地、高效能地坚持学习和研究活动。与一般青年相比,大学生正处于敏锐感知社会新变化、新信息、新思想、新观念,心理自主发展的高水平时期;处于迅速走向成熟而又未真正完全成熟和稳定,积极心理和消极心理并存,以及相互制约和转化的状态,具有明显的矛盾性和发展性。

认知心理的发展是整个心理发展的基础,决定着整个心理发展的总体水平。大学生的认知心理特点主要表现为:感知敏锐,认知对象广泛,抽象记忆能力强,联想丰富,思维活跃。随着学习年级的升高和知识的积累,大学生思维的逻辑性、独立性和批判性得到迅速发展。认识事物关系和本质的思维能力日益提高,并喜欢用批判的眼光看待问题,发现问题,提出自己的新见解。对书本和他人的观点和主张一般不会简单地全盘接受,而会通过自己独立思考进行取舍。以上思维的发展,赋予大学生较高的认知能力、智力和创造性潜质。但是大学生由于受自身知识、观念局限的影响,特别是受实际经验欠缺的制约,辩证思维发展还不够成熟,视野不够开阔,认识问题还存在表面化和片面性。

世界观、人生观、价值观等观念体系是心理结构的核心,决定着个体认识和掌握自然、社会和自我发展规律的高度,决定着人们对客观事物是非对错、有无价值或价值大小的评判与看法,决定着人们的心理倾向和行为选择方向,进而决定个体活动的总体情况。大学生的“三观”正处于发展、变化、重构、定型的关键时期。大学传播的系统的科学知识与社会人文思想、大学的文化精神和氛围对其发展有引导和提供理论支撑的作用;社会大环境的价值取向和风尚对其发展有导向和塑型的作用;大学生的自主选择和认同具有定向和决定的作用。在三个维度的合力作用下,大学生在不断接受社会现实和自身实践的反馈中自主调整,推动“三观”逐渐确立。

情感是人们对客观事物是否满足自身需要的内心体验,不仅丰富着心理的内容,且对行为具有定向的动力性作用。伴随大学生自身社会需要的增加和社会关系的发展,在大学文化因素的作用下,大学生的各类社会情感迅速发展。他们的理智感、道德感、美感进一步发展和提升,表现出情感内容丰富,反应强烈,但情感控制力发展还不成熟,情感冲动较为明显。一方面,他们关心社会,关心政治,追求正义,积极向上,热情洋溢,朝气蓬勃,对新事物总是持开放的态度和饱满的热情,对认为有意义、有价值的事情充满追求的激情,愿意为自己喜欢和钟爱的事物(包括知识、专业、思想等)自觉付出甚至献身。另一方面,由于缺乏社会经历和实践锻炼,体验事物常常以自我为中心,从自身需要和自我好恶出发,容易因自身利益而与社会利益和社会现实发生矛盾冲突,形成否定社会现实的不满感、挫折感。此外,大学生情感的张力大,对行为的动力作用明显。感情用事、不计后果的情感化、情绪化行为方式较为突出。

在以上心理的作用下，大学生的行为特征显得复杂且充满矛盾，总的看来是理性和非理性交织，独立性和从众性同在。低年级的大学生由于年龄小，阅历少，心理各方面还不成熟，行为的依赖性和盲目性较为突出。随着年级的增高、知识和阅历的丰富、自我意识的成熟及理性思维的发展，大学生行为的理性和独立性不断增强，大多能在广泛收集相关信息的基础上，根据客观现实和自身条件，在比较权衡中选择行为目标，也能控制自己的心理和行为，克服干扰和困难，为确定的行为目标努力奋斗，具备较为成熟的独立的理性行为能力。但是，由于大学生长期接触的主要是书本知识，缺乏对社会现实的深刻了解和实践锻炼，因而也经常出现以理想和愿望代替现实、以情感冲动代替深思熟虑的非理性化行为。特别是在多元社会环境和较为复杂的社会问题上，容易跟着感觉走，盲目肯定和追随与传统或社会正统相对立的所谓新思潮，并形成群体性的盲目从众行为。

尽管大学生处于青年群体的年龄高段，且接受了高等教育，在心理发展水平上较其他青年学生群体更为自主和成熟，但由于缺乏实际锻炼，心理和行为发展的不成熟性和矛盾性仍十分明显。在多元文化和思潮共存、高等教育大众化形成较大就业竞争压力的当代社会，大学生心理和行为的不成熟性和矛盾性更为突出，特别需要社会和高校对其进行教育和引导。

三、未来社会的骨干特征

大学生的青年知识精英和国家未来栋梁的自我认同意识，使他们关心国家与社会的现实和未来，关心政治，主张正义，肯定和支持社会的革新，具有强烈的国家主人意识和政治参与意识。大学校园历来是社会上各种新观点、新思想、新文化最先汇集并快速传播的文化场所，大学生能较早地感知和了解社会与政治变化的新信息、新观点，形成一定的政治主张。而集居于大学校园的生活特性，又使其更容易相互感染、相互促进，形成群体极化行为。在特定的社会情景与一定的组织下，能迅速汇集成数量众多、激情昂扬、敢为天下先的、引人注目的政治表意群体。

自古以来，知名的大学大都位于国家政治经济的中心城市，不仅加强了大学生与国家大事的联系，而且使大学生形成独特的集群式的情感化的政治情感表达方式。如在中心区域发表政治倾向鲜明的演说、上书请愿、游行或静坐示威等表达方式，容易向全国扩散，进而产生社会瞩目的政治影响力。这种敢为天下先的政治行为，或能直接唤起民众的关注、觉悟、同情和支持，或能借社会大众对大学生的认同心理，形成强大的政治舆论压力，对社会变革和重大政治事件的进程产生直接或间接的推动作用。

自近代以来，大学生这种敢为天下先的政治行动，以及形成的社会政治影响力，日益凸显，事例举不胜举，体现为积极和消极两方面的政治作用。一方面，大学生代表了国家、民族和人民根本的、长远的利益的群体政治诉求活动，无疑会对社会变革和政治发展产生积极的促进作用。如1919年5月4日，由北京青年学生率先发动的五四运动，在工人阶级的参与下开启了中国共产党领导的反帝反封建的新民主主义革命的序幕；1935年12月9日，由北平大中学校学生数千人率先发起的抗日救国示威游行，掀起了反对内战、全民一致抗日的浪潮。另一方面，大学生缺乏政治斗争经验，获取的政治信息可能不全面，加上认知和判断政治问题的思维较为简单，所以难免出现政治认知和判断失真、片面、偏激的情况。尤其是大学生的政治热情如果被反动政治势力或一些别有用心的政客利用，则会形成非理性的社会政治动乱，对社会正常的秩序造成破坏，对社会变革和政治发展产生消极和阻碍的作用。大学生的这种敢为天下先的双面政治作用特性，使其成为各类政治派别、政治势力和政党必然关注和争夺的独特的政治力量。尤其是在社会矛盾突出的时期，在代表不同利益集团、持不同政见的政治力量多元且博弈激烈的社会变革时期，更是如此。

大学生将会是未来社会的中坚与骨干力量。首先，从代际更替的角度看，今天的大学生虽然是还未进入社会职业工作体系的青春年少之人，但随着老一辈的老去和他们的成长成熟，未来社会的中心和主人必将是他们。正如抗日战争时期的《毕业歌》所言："我们今天是桃李芬芳，明天是社会的栋梁。"其次，按教育资本理论和社会分层理论分析，大学生接受教育时间长、文化程度高，特别是受益于近现代大学对大学生专业素质和能力的着力培养，因而与同年龄段的青年群体相比，具有更高的社会文化素质、智能素质和创新能力，拥有更多的学历资本和素质资本，具备更为优越的胜任高级别职业工作要求的素质和潜能。因此，在同是面向未来的社会发展中，大学生较其他青年群体成员，具有向社会核心阶层和高级职位发展的更多可能。再次，现代以来关于人的受教育程度与人的社会发展关系的大量实证研究结果证实，在社会发展越来越依靠科学技术和劳动者道德、智能素质和创新能力的现代社会，具备大学学历的人，在职业工作的胜任力和创造力上表现更为突出和出色，担任科技创新研发的核心工作、进入各级社会管理和领导层的比例最高，占据社会政治、经济和科教文卫各领域核心职位的比例日益提高。大学生的这种社会发展状态表明，大学生的本质在于其社会未来性。他们不仅是社会未来的主人，更是社会未来的中坚和骨干，是民族的希望、祖国的未来。只有教育和培养好大学生，国家才能拥有美好的未来。

第二节 高校思想政治教育的特征

高等教育作为改革开放以来发展起来的一种特殊类型的教育形式,既有教育的共性,同时又有自己鲜明的个性特色;不仅是专业特色,还包括其他各个层面的特色,尤其是高等教育阶段学生思想政治教育的特色。要想做好高等教育阶段学生的思想政治教育工作,首先必须正确认识和把握高等院校学生思想政治教育的特殊性,同时兼顾大学生个性心理发展特点,以此为依据才能制定正确的思想政治教育的内容、目标、任务和方针,从而进一步促进高等院校的思想政治教育工作取得实效。高校思想政治教育过程作为一种相对独立的教育过程,也有其发展特色,在这一方面,思想政治教育的研究者已经形成共识。

一、计划性和正面性

“哲学将世界分为物质和意识,那么就可将环境分为物质环境和精神环境。在社会发展过程中,精神环境表现为一个国家和社会的精神状态、社会面貌、社会风气、进取精神等现象,是一个国家和社会中最活跃、最有潜力、最富有生气的动态系统,是社会发展的整体性精神力量,是社会进步与发展的精神资源,是人全面发展的精神基地,建设一个良好的精神环境是一个国家对人民最基本的价值承诺。”① 物质环境和精神环境构成了影响人类生存发展的两大环境。其中对人类影响最大的是精神环境,其突出表现就是精神环境对人的思想道德发展的作用最大。在现实生活中精神环境和物质环境纵横交错,交织在一起,相互叠加。环境对人的影响具有随意性,对人影响的过程往往是盲目的、无序的、随意的,如若不加以控制,很难把握环境影响的方向性,其影响的后果也是难以预料的。

思想政治教育作为精神世界的组成部分,对人的影响却是积极的、有序的。因为“思想政治教育是指社会或社会群体用一定的思想观念、政治观点、道德规范,对其成员实施有目的、有计划、有组织的影响,使他们形成符合一定社会所要求的政治思想和道德品质的社会实践活动。简而言之,进行思想政治教育,目的就是将外在的社会要求内化为受教育者的内心信念并推动其产生良好行为”②。思想政治教育活动的计划性表现在以下几个方面。一是目的性,思想政治教育的目的明确,就是培养社会主义现代化建设者和接班人。二是组织性,思想政治教育由一系列的组织单元构成,这其中包括教材、思想政治工作教育者、思政部门等,通过制订完

① 王世超、曲鲁捷:《论精神环境的伦理内蕴》,《华中农业大学学报(社会科学版)》2005 年第 2 期。

② 张正华:《思想政治教育内化研究》,硕士学位论文,西南大学,2007,摘要。

备的教育计划，努力营造良好的环境氛围，使思想政治教育过程更有成效。三是针对性，高校思想政治教育针对的是受教育者，也就是大学生，并且能够根据大学生精神世界发展的需求、思想品德发展的实际及心理发展特点进行教育。

与计划性密切相关的另一个特征是正面性。所谓正面性是指思想政治教育总是选择积极的、有价值的内容和最有利于受教育者发展的教育方式。思想政治教育鲜明的正面性要求思想政治教育的内容选择和教育影响都应是积极的、有价值的。中国共产党在不同的时期始终坚持思想政治教育的正面性，形成中国人和中国社会发展的强大动力，推动中国社会改革与发展。纵观党的创立和大革命时期，中国共产党人满腔热忱，宣传革命思想、革命理想。马克思主义、共产主义的理想等作为一种全新的世界观和方法论是先进文化的典型，也是成千上万的人民群众抛头颅、洒热血，反帝反封建的强大动力。抗日战争时期，中国共产党所主张和积极宣传的民主主义、爱国主义、统一战线思想、持久战思想、全民抗战思想等成为中国人民众志成城，万众一心，战胜日本法西斯强盗、寻求民族解放的精神动力。在解放战争时期，中国共产党人所宣传的争取民主、争取和平的政治主张，以及新民主主义土地政策、建设思想的宣传，毫无疑问地成了人民解放的驱动力量。新中国成立初期，爱国主义的思想政治教育正是推动全国范围内抗美援朝运动的精神动力，也是志愿军战士以劣势装备战胜强大敌人的重要动力源泉。改革开放初期，中国特色社会主义理论，代表中国先进文化，推动中国改革开放，推动中国经济、社会的高速发展。

思想政治教育的正面性就是促进人的全面发展，即思想政治教育要体现出人的个体价值和社会价值。坚持思想政治教育内容的正面性，在高校思想政治教育过程中，教育工作者应该积极弘扬社会主义主旋律，向大学生传达社会主义核心价值体系的相关内容，坚持用马克思主义、毛泽东思想、邓小平理论、“三个代表”重要思想、科学发展观、习近平新时代中国特色社会主义思想进行统筹。坚持思想政治教育手段的正面性，高校思想政治教育的开展必须处处体现公正和公平，这种特质在思想政治教育手段上应该鲜明体现。教育手段的正面性是维系思想政治教育正面性的重要标志，舍此便无所谓思想政治教育。因此，在思想政治教育过程中，应始终旗帜鲜明地坚持积极的正面的思想、政治、道德价值的选择和引导。

二、复杂性和社会性

高校思想政治教育的本质性任务是促进大学生群体的全面发展。高校思想政治教育是组成我国思想政治教育的重要一环，是促进我国现代化建设的重要力量，是培养高素质合格人才的根本保证。与高等教育其他内容相比，思想政治教育工作的时间、空间、方法和手段是不同的，具有显著的复杂性特征。高校思想政治教育的复杂性体现在两个方面。一是大学生群体的开放性、自主性。高校思想政治教育的主体个性心理发展的开放性和自主性特点,使得思想政治教育变得更为复杂。由于教育过程中必须注重个体性,同时还要注重个体的社会性,因此高校思想政治教育活动必须做到"因人施教"。二是高校的整体性。高校在发展的同时还要帮助个体成长。学中强调的是部分与整体的关系。所以在开展高校思想政治教育的过程中,也应该考量整体性发展。与思想政治教育同为高校教育体系组成部分的专业教育,在与其共同发展的过程中既有竞争,又互相提携,所以这也使得高校思想政治工作变得复杂。

高校思想政治教育还体现出广泛社会性的特点。其表现在两个方面,一是思想政治教育的内容具有社会性;二是思想政治教育方法的选择具有社会性。当然,在发挥社会性特点的同时,还要与高校思想政治教育的政治性相结合。

"政治性与社会性是思想政治教育的两个重要属性。两者在前提、地位及实现功能上存在着差别,思想政治教育的政治性和社会性是相互联系、有机统一的。在实践中,我们要合理地把握思想政治教育的社会性与政治性之间的关系:加强思想政治教育的政治性,防止思想政治教育的'泛社会化';合理利用思想政治教育的社会性,提升思想政治教育的实践效果;正确结合思想政治教育的政治性和社会性的特征,实现两者在现实功能上的有效整合。"①

三、引导性和长期性

高校思想政治教育是一项育人工程,它的好坏关系到我国现代化建设质量的好坏。高校思想政治教育工作具有明显的正面引导性。这种引导性体现在思想政治教育的内容、手段、方针等各个方面,要求对大学生的思想、政治、道德等方面的发展做到正面引导。积极的正面引导利于大学生形成高尚的道德情怀,利于大学生构建科学的世界观、人生观、价值观。

高校思想政治教育还是一项长期性和坚持性的教育活动。高校思想政治教育是在长期生活实践中逐渐形成的,是一个渐进性的过程。这种长期性一方面要求教育者坚持高校思想政治教育活动的系统性和连续性,另一方面要求受教育者坚持将教育内容本身化,并将这一活动坚持下去。

① 叶方兴:《思想政治教育的政治性与社会性之间关系探微》,《湖北社会科学》2010 年第 4 期。

第三章　网络背景下高校思想政治工作分析

《中共中央国务院关于进一步加强和改进大学生思想政治教育的意见》指出大学生是十分宝贵的人才资源，是民族的希望，是祖国的未来。梁启超先生也曾经在《中国少年说》中描述："故今日之责任，不在他人，而全在我少年，少年智则国智，少年富则国富，少年强则国强，少年独立则国独立，少年自由则国自由，少年进步则国进步，少年胜于欧洲，则国胜于欧洲，少年雄于地球，则国雄于地球。红日初升，其道大光；河出伏流，一泻汪洋；潜龙腾渊，鳞爪飞扬；乳虎啸谷，百兽震惶；鹰隼试翼，风尘吸张；奇花初胎，矞矞皇皇；干将发硎，有作其芒；天戴其苍，地履其黄；纵有千古，横有八荒；前途似海，来日方长。美哉，我少年中国，与天不老！壮哉，我中国少年，与国无疆！"这番慷慨激昂的名典辞章，足以凸显中国青年在国家中的重要地位及在社会进步发展中的重要职责和关键作用。

第一节　大学生思想状况分析

19 世纪德国哲学家、心理学家，科学教育学的奠基人赫尔巴特曾经说过："青年初期最宝贵的心理成果是发现自己的内心世界。"而大学生随着自我意识的深入发展，自尊心越来越强，虽然患各种严重躯体疾病的的确不多，但由于受择业、自卑、早恋等问题的困扰，有心理问题的人数不少。而这些心理问题严重影响了大学生的学习工作和正常生活。

心理健康与一个人的成就、贡献、成才关系重大，是大学生成才的基础。心理健康可以促进大学生形成健康的心理品质，是大学生全面发展的基本要求，也是将来走向社会，在工作岗位上发挥智力水平，积极从事社会活动和不断向更高层次发展的重要条件。心理健康可以使大学生克服依赖心理，增强独立性，利于大学生培养健康的个性心理，是大学生取得事业成功的坚实心理基础。就当前大学生的思想观念和心态环境的集中表现，有如下几个特征：首先，以自我成才为中心，主导思想是自我价值与自我奋斗，集体和协作观念、服务和奉献精神及艰苦奋斗的作风不足；其次，学生自我期望值高与教育改革的矛盾，改革一旦触及自身利益，就会出现抵触情绪；第三，学习压力、就业市场的竞争使学生求知欲旺盛。

"与20世纪80年代相比,90年代以来的学生……由关心西方政治、文化思潮,转变到关心中国国情;由不着边际的高谈阔论,转变到比较求真务实;由关心国家和社会,转变到更多地关心个人发展;由一味地追求出国留学,转变到国内寻求用才之地。……当代大学生的价值取向,主流呈健康向上的趋势,自立、竞争、公平、效率时代意识明显增强。从整体看,多种取向并存;从个体看,多数学生尚未形成完整的、稳定的人生价值观念,在一些问题上常常表现出矛盾或多变状态。"①就发展趋势而言,社会主义市场经济的不断发展,加之新媒体时代的到来,使得各方面利益交织多元,人们的利益观逐步强化。在这一系列背景下,影响大学生的负面消息不断增长,如果没有系统的思想政治教育进行积极引导,必然导致大学生的发展走错方向,酿成不堪后果。

早在20世纪30年代,美国健康教育家鲍尔和霍尔就提出一个较完善的健康主义观念,认为:"健康是人们在身体、心情和精神方面都自觉良好、精力充沛的一种状态。"健康的概念在全球得到传播且被人们接受,但是心理健康的定义却一直是一个有争议的问题,《简明不列颠百科全书》提出,心理健康是指个体心理在本身及环境条件许可范围内所能达到的最佳功能状态,但不是十全十美的绝对状态。我国心理健康教育工作者陈家麟教授从长期的工作经验出发,提出了六项标准:智力发展正常;情绪稳定乐观;意志品质健全;心理协调适度;人际关系和谐;人格完整独立。尽管内容及表达各有差异,但都强调充分发挥个体的心理潜能及个体内部心理协调外部行为两个方面。

一、网络环境下的自我封闭和自我孤独

自我封闭是指将自己与外界隔绝开来,很少参与社交活动,除了必要的工作、学习、购物以外,大部分时间将自己关在家里,不与他人来往。自我封闭者都很孤独,没有朋友,甚至害怕社交活动,因而是一种环境不适的病态心理现象。著名心理学家拜克拉认为,大学生如果沉迷于互联网,减少与外界口语交谈的人际接触机会,他们会变得与现实社会相隔离,与真实的人际关系切断开来,造成自我封闭。新媒体背景下,网络技术迅猛发展,大学生借助网络这一载体参与网络中不同组织的交流,与网络中陌生的伙伴侃侃而谈。但是当他们回归到现实生活中,参与人际交流时却不知所措。具体表现为,有的同学恐惧直接接触,这便导致个人心灵更加封闭,造成网络外自我封闭,从而在情感上对网络世界产生眷恋和过分依赖,不善于与人交流,产生人际关系障碍和交往心理变异。

---

① 张红:《近年来大学生思想政治教育研究述评》,《山东省青年管理干部学院学报》2005年第1期。

自我孤独是指总是希望通过上网获取现实生活中得不到的信息资源以便改变自己,但上网未能解除孤独反而使孤独感加重。网络具有隐藏性特点,一部分大学生往往借助网络的这种特点来修补自己的“心灵创伤”。他们常常通过网络平台向网友发泄自己的情绪,排解忧虑,通过这种匿名的方式释放心理压力,但心理压力的消除并不等于得到了“救赎”。在这一过程中,网络的虚拟性得以体现。由于没法预知对方的真实身份,所以真真假假,虚虚实实,这一过程便以游戏的方式结束,当脱离网络时,又回归自然,又处在一种空荡荡的境地。有些大学生却表现出相反的状况,他们本身有时间去参加社交活动,但是网络的出现,使得他们把大部分时间投入到网络交流中,这样长期“顾此失彼”,使得自己的现实生活被网络挤掉了,减少了与朋友见面交流的机会,自然友情淡化,不由自主地将自己的交际圈缩小。因此这种网络交流方式有别于现实生活中的复杂的人际交往,但也可在一定程度上缓解人的心理压力。现实生活中,人与人之间的交往是通过身体语言的方式进行交流的,通过这种交流可以了解和读懂对方的心理和所要传达的信息。但是,借助网络载体,如同“隔靴搔痒”,只能借助键盘、鼠标和显示器所造就的书面语言,这使得大学生的孤独感发展得更加畸形。同时,网络增加了“撒谎”和“说真话”的辨别难度,与现实生活中的直接交往相比,人际距离变得疏远。网络的虚拟性使得大学生完全沉湎其中,使得他们与人交往、与社会接触的机会和时间大大压缩。这种情况自然衍生出大学生忽视人与人之间的情感,自闭与孤独倾向更加严重,致使大学生走向孤立、冷漠的境地。网络交流虽然开拓了大学生交流的途径,但是某种程度上也剥夺了大学生参与现实交流的机会,压缩了自然交流的空间。

二、网络背景下的人际交往障碍

人际交往能力已被公认为现代人才重要的素质之一,是情商的一项极为重要的内容。常言:“欲学为事,先学为人。”人际关系对于当代大学生来说是一个敏感问题。不少大学生常常处于矛盾之中:一方面迫切希望参与社交,得到友谊;另一方面又不愿敞开心扉,与同学交往小心翼翼,自我封闭。这种状态对于沟通不畅、有性格缺陷的高校学生来说,必然会产生难以解除的心理矛盾。现实生活中,有些学生不会主动与人交往,在不肯轻易向外人展示真实自我的同时,又渴望别人能理解自己,渴望别人能与自己做“心灵交流”。这种需求如果得不到满足,就会感到无所寄托,产生孤独感。有的大学生缺乏在公共场合表达自己思想的勇气和能力,惧怕自己因此而遭遇更大的失败,不敢参与社交活动;有的由于受到批评或遭遇挫折后心中不舒畅,于是更加缺乏与人交往和沟通的主动性,总觉得大学生活空虚、无聊和压抑。

三、网络时代的痴迷

新媒体环境下,大学生借助网络平台构筑了自己虚拟的网上生活,但这其中存在许多问题,过度地痴迷于网络会给大学生的人生发展带来极为不利的影响。大学生如果长时间沉溺于网络,醉心于网上信息与网上猎奇,就会对网络产生过度依赖,将自己的现实生活时间挤掉而转移到网络生活空间中来,这样会使正常的学习生活及社会交往受到严重影响,对身心健康和学习造成严重不良影响。痴迷网络的这类学生在精神上往往会表现出两种极端:一是上网时精神振奋,全神贯注;二是下网后精神萎靡,抑郁忧闷,身体虚弱。有些大学生长时间沉迷网络,个人心理越来越闭锁,自然也给正常的学习生活带来不少问题。这些大学生坚持上网不上课,不和同学交往,只与网络为伴,导致其校园生活与现实脱轨。

痴迷网络会给学生发展带来极大的消极影响,其中最直接的就是导致大学生学习动力不足。这种影响主要体现在以下几个方面:一是缺乏进取心、畏难情绪严重。主要表现为在困难面前缺乏勇气和信心,对社会上存在的某些不正之风恨之入骨,但又不敢承担责任,不敢与坏人坏事做斗争,这样的学生常常抱怨自身的不幸,却又宁愿忍受痛苦而不主动追求。二是学习观念保守,缺乏学习的自主性,自学能力明显不足。三是学习态度不端正,对所学知识兴趣不浓,总认为与自己原来所向往的专业相差甚远,总感到是在为别人学习,缺乏学习的热情和动力,即使到了课堂也是“身在曹营心在汉”,学习效率低下。四是学习行为不良,旷课、逃课、睡课现象比较严重,对待作业敷衍了事,考试作弊,厌倦学习,逃避学习,得过且过,缺少抱负和期望,没有压力感和紧迫感,对成绩好坏持无所谓的态度。

四、网络时代的自我认知迷失

自我认知是对自己的洞察和理解,包括自我观察和自我评价。自我观察是指对自己的感知、思维和意向等方面的觉察;自我评价是指对自己的想法、期望、行为及人格特征的判断与评估,这是自我调节的重要条件。

如果一个人不能正确认识自我,看不到自我的优点,觉得处处不如别人,就会自卑,丧失信心,做事畏缩不前。相反,如果一个人过高地估计自己,也会骄傲自大、盲目乐观,导致失误。因此,正确地认识自我,实事求是地评价自己,是自我调节和人格完善的重要前提。

大学生的认知和习惯的培养不仅是练习和强化的结果,还取决于他原有的认知结构和当前所处的环境。美国社会心理学家费斯廷格说过:“一个人对自己的价值,是通过与他人的能力和条件的比较而实现的。”新媒体环境下,大学生的“自我陶冶”能力显著增强,这使得其对外界事物的认识更加感性和随意,而这种对外界事物评价的随意性,转移到自我身上,就显得更加随意和自我。且在网络环境下效仿网络的思维方式使得大学生在现实和虚拟之间产生了严重的断层,并且不能自拔。由于不同的学生有不同的认知基础,不同的价值目标,因此在网络盛行的今天,围绕统一的标准往往会受到大学生的抵制,难以对其进行有效的正确引导,影响教育效果。

第二节　网络为高校思想政治教育工作带来的挑战

新媒体时代,信息的自由传播扰乱了信息传播的环境,容易造成媒体的失范,使得个人隐私、伦理道德、信息安全等一系列问题频频出现,这一切很容易对高校大学生的思想、道德、政治观念产生负面影响,为高校思想政治教育工作带来了极大的挑战。

"随着以互联网为载体的'第四媒体'的渗透和普及,网络越来越成为各种社会思想交锋的前沿阵地。其中,网络舆情就是公众对互联网上传播的某一'焦点'或'热点'问题所表现的有一定影响力、带有倾向性的意见或言论的情况。对于高校思想政治教育工作来说,网络舆情已经成为思想政治教育工作者了解社会思想状况的'晴雨表'。因此,了解网络舆情,把握舆情动态,引领舆情方向已经成为了高校思想政治教育工作面临的新课题。"①新媒体技术正在时时刻刻地改变着高校大学生的生活、学习方式,这一技术的应用成为改变大学生行为模式的一大重要因素。新媒体的普及和应用给高校的思想政治教育提出了新课题,对新时期的高校思想政治教育工作提出了新的挑战。

一、对意识形态的挑战

随着新媒体技术的发展,一些西方国家借助网络技术对我国进行"意识形态"的渗透。这种渗透过程体现在以下几个方面。一是标榜西方化的世界观、人生观、价值观。企图利用生活方式上的"优势"对我国进行利益化的引诱,新媒体技术的发展为西方国家对社会主义国家实施"和平演变"提供了极大的便利条件。二是西方国家善于利用新媒体技术与我国进行"舆论战",西方大国借助各种媒体肆意炒作、攻击和诽谤,影响和损坏我国在国际社会中的声誉。三是非常重要的方面,西方国家利用先进的新媒体技术对发展中国家进行思想、文化渗透,传播西式"文明"。从这个意义上讲,新媒体从外部环境上对我国现时的高校思想政治教育工作

① 韩玮:《网络舆情下的高校思想政治教育工作探究》,《教育教学论坛》2010年第27期。

提出的挑战是严峻的。

尽管新媒体既不姓“社”也不姓“资”，但与网络发展相伴相随的是西方文化的渗透。据不完全统计，互联网上以英文主页为主体的，占据了95%，中文的网站不足1%，这就意味着以美国为首的西方发达国家垄断着互联网上的信息资源，最大程度上掌控着信息的传播权，并以此进行信息“垄断化”处理。对信息传播具有极大的控制力和影响力，并据此在世界范围内宣扬西方的意识形态、政治制度、价值观念、文化思想，尤其对社会主义国家力度更大。西方国家对我们实行的“西化”和“分化”，冲击着我们的思想阵地，社会主义社会正面临着一种文化上的“新殖民主义”的挑战。因此，在网络环境治理中，要高度重视大学生受西方影响而产生的思想意识、价值观念、行为准则的“西化”和异化问题。新媒体的发展使境内外反动势力异常活跃，他们利用新媒体技术的信息传播优势极力地对我国高校进行反动言论的渗透，对高校大学生“心理防线”进行着不断的攻击和打压，更有甚者直接攻击高校网站，大张旗鼓地宣扬反党、反社会主义言论。网络安全的形势异常险峻，这一切“渗透、攻击和打压”严重冲击着高校思想政治教育健康发展的步伐，对传统的信息内容及其传播方式，特别是对马克思主义的传播发展和思想文化阵地的建设构成了严峻挑战。诚然，由于高校大学生的世界观、人生观、价值观尚处于构建阶段，对各方面信息缺乏正确的判断，因此如果长期接触互联网，很容易受到网络上“西化”思想的冲击和影响，从而导致其民族观念和爱国主义思想观念的淡薄。毋庸置疑的是，西方国家利用互联网的优势，对我国进行思想文化和政治意识的渗透、攻击和打压是不会停息的，我们务必高度重视，万万不可粗心大意。新媒体时代意识形态领域面临的挑战具有鲜明的特点，具体而言有以下五个：一是目的更为明确。敌对势力的险恶用心就是把矛头直指我们党的领导和社会主义制度，企图让大学生对政治“淡化”，让大学生在西方拜金主义影响下“腐化”，传播各种流言把领袖“丑化”，通过意识形态渗透使马克思主义“溶化”，最终达到理想信念“弱化”，从而达到推翻领导、颠覆社会主义政权之目的。二是内容更具蛊惑性。大多打着“普世价值”的幌子，鼓吹多党制、三权分立和轮流执政，在宣扬“司法独立”“民主宪政”等观点的同时，更加注重利用社会凸显的矛盾问题炒作渲染，提出的一些所谓政见主张、运动口号，具有极强的蛊惑性、煽动性。三是渠道更呈多样化。通过交流合作、学术研讨、网络站点、影视大片等多种途径宣扬西方价值观念，通过人际交往、非法聚集、金钱收买等各种手段拉拢腐蚀我政府公职人员，通过发动所谓“颜色革命”、鼓动“街头抗争”来侵蚀党的执政基础，渗透破坏手段不断变异翻新。四是手段更显隐匿性。采取公开掩护秘密、合法掩护非法、文化掩护西化等手段，特别重视发挥网络传播渗透自由、快捷、海量等特点，进行政治策反、价值影响和腐蚀拉拢，其渗透性、隐蔽性和欺骗性越来越强。五是影响更具广泛性。从过去拉拢腐蚀所谓的高层“精英”，扩展到如今在“草根”阶层中培植代理人、“异见分子”和“意见领袖”；从过去单一渗透方式，到现在多维立体渗透，特别是运用传统载体与新兴媒体交互影响、覆盖式宣传，实施全过程全方位的“全民攻击”。①

二、对大学生健康成长的挑战

新媒体是在数字技术和网络技术的基础之上延伸出来的各种媒体形式。新媒体的出现对大学生的思想政治教育提出了一系列新的课题，特别是以互联网和手机微信为典型代表的新媒体在大学生中的流行，使大学生的交往方式、学习手段等出现了新的变化。与之相应，思想政治教育者必须转变教育理念，学会利用新媒体的信息优势，只有这样，才能行之有效地应对新媒体时代的思想政治教育。

新媒体背景下，新媒体不良信息的侵袭导致了高校大学生各种心理问题日益突出，严重影响了广大学生的身心健康。新媒体不良信息对大学生思想政治教育的消极影响是多方面的，主要体现在以下几个方面：

第一，来自西方资产阶级的人生观、价值观、道德观的侵袭。西方大国充分利用其信息传播的先进技术，极力宣扬自身“优越”的意识形态、政治制度、文化思想，尤其对广大发展中国家特别是我们社会主义国家影响甚大。而高校大学生的世界观、人生观、价值观正值成长期，可塑性强，很容易受网上不符合我国国情的思潮影响，从而形成偏颇甚至错误的世界观、人生观、价值观及道德观，对大学生的健康成长产生不利的影响。

第二，学生的心理健康受到挑战。许多大学生因为沉迷于网络而患上网络综合征。症状包括抑郁、失眠、精力不集中、精神分裂等，科学家发现这些症状与吸烟、酗酒甚至是吸毒等其他上瘾行为导致的症状有惊人的相似。新媒体的不良信息使大学生很难真正认识自我价值，很难与他人和谐相处，甚至会逃避现实生活和学习，不能很好地控制情绪。面临选择时，很多大学生不能做出及时准确的判断和选择。更有甚者，把新媒体作为自己宣泄情绪和违法乱纪的平台，走上了网络犯罪的不归之路。心理上出了问题，丧失了自我，且很容易丧失正确的人生态度和信仰，对现实社会生活产生消极悲观情绪，这些都严重侵蚀着大学生的灵魂，导致大学生的心理不健全，影响大学生的全面发展。

第三，新媒体削弱了大学生的自制力和课堂学习能力。大学生的思想尚未成熟，自制力差，新媒体的吸引力尤其是网络游戏和虚拟功能的存在，使部分大学生沉溺其中，自制力不断下降。新媒体蕴藏海量的信息资源，使得部分接触新媒体信

① 中共中央党校厅局进修班(第61期)“党的建设科学化”课题组:《打好意识形态斗争主动仗》,《红旗文稿》2013年第20期。

息的大学生自认为自己的知识储备差不多了,无须在课堂上认真听讲了,从而导致做任何事情都不能集中注意力,精神涣散。

三、对高校思想政治教育方法提出挑战

习近平总书记在全国宣传思想工作会议上指出,“明者因时而变,知者随事而制”。“新媒体以信息资源的海量性、传播技术的数字化、传受双方的互动性、传播方式的多样化与个性化的特点,迅速被社会大众所接受和广泛使用。它在为人们提供便捷的信息服务的同时,也深刻地影响着人们的生活,使他们的思维模式、行为方式、心理意识等方面都发生了变化。目前,大学生已成为新媒体使用群体中的主力军。因此分析新媒体对大学生的影响,并且探索在新媒体环境下创新大学生思想政治教育的策略和方法,就显得尤为重要。”①

众所周知,新媒体时代高校传统的思想政治教育方式和方法已经远远不能满足大学生的发展要求。高校传统的思想政治教育方式仅仅局限在课堂授课、知识灌输、交流座谈等形式。这些方式由于缺乏互动性、生动性的特点使得新媒体时代的教育效果不明显。传统的高校思想政治教育的方式一般具有可控性的特点,教育者可以针对具体的问题提供有针对性的答案,方式简单有效,通过有意识地向大学生传播含有特定信息的内容,及时对大学生进行思想政治教育,帮助学生解决思想上的问题,促进教育对象的思想发生转变。新媒体所进行的是多对多的教育方式,满足大多数大学生的学习需求,其方法也更具多样性,更容易被大学生接受。新媒体的这些发展对高校传统思想政治教育方式和方法形成了一定的冲击。

四、对高校教师的话语权提出挑战

在传统媒体为主导的社会中,两个方面的原因促成了教师权威地位的凸显。一方面,知识的更新和流动速度慢。另一方面,知识具有相对的封闭性。“教师权威,即教师的教育权威,是学校教育权威的集中体现,是教师在教育过程中对学生产生的巨大影响力,从而使学生对教师表现出信赖和服从。当前教师权威面临很多挑战,包括网络和信息技术的发展、社会转型期价值观念的多元化、教育教学改革的深入、部分教师行为失当影响到教师的职业声望与社会评价等,这使得教师权威呈现出逐渐被淡化、甚至被消解的趋势。”②

新媒体对高校教师的话语权提出挑战。高校思想政治教育工作者素有“人类

① 程之睿:《新媒体时代与大学生思想政治教育方法创新研究》,硕士学位论文,辽宁师范大学,2013,摘要。

② 杨红云:《教师权威的现代阐释》,硕士学位论文,南京师范大学,2004,内容摘要。

灵魂工程师”的称号,在大学生的心目中享有极高的声誉。但是随着社会的发展,信息的不对称性开始减弱。高等教育教师的专业性也开始受到不同程度的挑战。新媒体发展所形成的新的教育环境,使得在传统教育中独享的教师权威受到了挑战,教师权威赖以建立的基础不断被分裂、瓦解。新媒体时代教师的权威性便开始渐渐褪色,沦落到不得不和网络分享权威的境地。新媒体时代高校思想政治教育处于平等发展状态。高校思想政治教育工作者与大学生处于接收信息同一阶层,由于其接受能力低于大学生,所以在接受信息时甚至处于不利地位。基于这种认识,思想政治教育工作者的地位被撼动,原有的权威性光环褪色,很多大学生开始怀疑高校教育者的教学能力,从而使高校教育者产生信任危机,课堂上出现散乱无序甚至不听讲的状况。

高校的思想政治教育是通过思想政治工作者进行的,思想政治工作者的素质直接影响到教育的效果。传统的思想政治教育,教育者处于一种权威的优势地位,一直给大学生一种知识广博的教育者印象。借助这种权威上的优势,思想政治教育工作者得到了受教育者的尊重、信任和支持,从而使教育活动得以开展。在传统的思想政治教育的过程中,教育者比较容易树立权威。在新媒体时代,高校思想政治教育工作者的这种地位得以终结,教育者的信息优势在逐步丧失,网络的交互性、平等性对思想政治教育工作者的权威性提出挑战。而且大学生在校期间的学习能力处于相对较强的时期,学习和接收信息知识的速度比较快,有些话题或信息可能会比高校教育者掌握得更加全面,导致高校教育者处于相对被动的地位,话语权地位遭到挑战。新媒体技术的特点就是受众之间的互动性。借助新媒体技术,大学生不再轻易接受思想政治教育工作者的灌输,而要求进行对话和交流。学生通过网络可以方便地查看到各种公开或内部信息及真假难辨的各种信息,而教育者有时候却处于信息劣势的境地中。所以在教育过程中,容易出现这样的“荒诞情景”:高校思想政治教育者所说的“新鲜事物”学生早已知道,事物已不再新鲜了。而大学生嘴里传达出的新名词和新鲜事教育者却是闻所未闻,相比较之下,大学生对高校思想政治教育者的信任度和尊重度严重下降。这就使得思想政治教育工作者面临一个非常尴尬的境地。“高校思想政治教育工作者作为高校思想政治教育的主体,有着角色规定和制度安排的话语权,但其话语权随着环境的变化而变化。网络时代,信息的传播途径、信息的多元化特色,以及大学生的思想观念和行为方式都在深刻变化,学生在信息传播中的自主权明显增强。高校思想政治教育的话语权不再只为教育者所独有,学生也有了自己的话语权。高校思想政治教育工作者只有与时俱进,采取相适应的策略,才能提升自己话语权的影响力,进而增强大学生思想政治教育的实效性。"①

"老办法行不通,新办法不会用"是目前思想政治工作者的苦涩心声。互联网的迅猛发展对高校思想政治教育工作者的素质提出了新的更高要求。作为思想政治教育工作者,应转变教育观念,正视网络发展带来的种种机遇和挑战,与时俱进,将网络思想教育与实践教育相结合,优势互补,从而提高高校思想政治教育的实效。

① 商懿秀、肖新发:《论网络环境下高校思想政治教育话语权的主体及其变化》,《湖北第二师范学院学报》2011 年第 7 期。

第四章　新时代公安工作

在马克思主义国家理论中，国家权力的强制力就是阶级的强制力，国家权力的强制性是以国家的有组织、有系统的暴力机关作为坚强后盾的。这些暴力机关包括军队、警察、法庭、监狱等，它们的存在，能够维系社会正常秩序、协调社会矛盾、分配社会公共资源和维护统治阶级的统治地位，是极为重要的国家机器。

第一节　习近平关于公安工作的重要论述

在无产阶级占统治地位的社会主义国家，具有特殊强制力的机关是无产阶级专政的重要工具。在我国，承担履行社会冲突调控职能的有组织、有系统的暴力机关是政法机关，主要是指公安机关、检察院、法院、司法机关、国家安全机关等执法、司法部门。政法工作统指公安机关、检察院、法院、司法机关、国家安全机关等承担的执法、司法工作。

政法机关是人民民主专政的重要工具，是极为重要的国家机器，肩负着捍卫国家政治安全、维护社会大局稳定、促进社会公平正义、保障人民安居乐业的重大使命和职责。在中国特色社会主义新时代，党和国家面临的改革发展稳定任务之重前所未有、矛盾风险挑战之多前所未有。为新时代中国特色社会主义保驾护航是当代政法工作的时代主题，政法队伍是推进法治中国建设、平安中国建设的主力军，是中国特色社会主义事业的建设者、捍卫者。政法工作的质量和水平直接关系到政权安全、国家安全、公共安全，关系到全面依法治国方略的落实，关系到国家治理体系和治理能力现代化目标的实现，关系到人民群众对民主、法治、公平、正义、安全期盼的满足，关系到“两个一百年”奋斗目标的最终实现。政法工作在党和国家全局中的战略地位日益凸显。

党的十八大以来，习近平总书记从事关“两个一百年”奋斗目标和中华民族伟大复兴中国梦实现的战略高度，围绕“完善和发展中国特色社会主义制度，推进国家治理体系和治理能力现代化”这一全面深化改革总目标，在坚持依法治国、依法执政、依法行政共同推进，坚持法治国家、法治政府、法治社会一体化建设的伟大实践中，将政法工作置于前所未有的战略地位，对新时代政法工作进行了系统的战略部署。在 2013 年至 2018 年召开的中央政法工作会议中，习近平总书记就先后作出过5次重要指示，其中2014年1月7日还专门出席了中央政法工作会议并作了重要讲话。在全国司法体制改革推进会等多种场合就法治中国建设、平安中国建设、政法队伍建设、司法体制改革等政法工作多次作过讲话和指示、批示。另外，在接见各类政法系统英雄模范和立功集体、接见社会治安综合治理先进集体和个人时也发表过重要讲话。

2018年1月，习近平总书记对党的十九大后首次召开的中央政法工作会议作出重要批示，揭示了新时代政法工作的规律特点，为做好新时代政法工作提供了根本遵循。在2018年8月24日出席中央全面依法治国委员会第一次会议时所作的重要讲话，也从推进全面依法治国的战略高度对政法工作提出新要求、作出新部署。

习近平总书记关于政法工作的重要论述已经形成系统、完整、科学的理论体系，成为新时代政法工作的根本遵循，并在推动平安中国、法治中国发展的具体政法工作中彰显出强大的真理力量。

一、阐明了新时代政法工作的重要地位和作用

党的十八大以来，习近平总书记从全局和战略的高度，根据政法机关的性质、职能和属性，阐明了政法工作在中国特色社会主义事业中所处的重要地位和作用，提出要把政法工作摆到党和国家工作大局中来谋划。他在2014年1月中央政法工作会议中深刻指出：政法工作做得怎么样，直接关系广大人民群众切身利益，直接关系党和国家工作大局，直接关系党和国家长治久安，直接关系实现“两个一百年”奋斗目标和中华民族伟大复兴的中国梦。这就把政法工作和党、国家、人民的根本利益紧密联系在一起，深刻揭示了政法工作的本质特征，明确了政法工作的历史方位，指出了做好政法工作的重大意义，增强了各级政法机关做好政法工作的政治责任感和历史使命感。

二、阐明了新时代政法工作的政治原则

新时代政法工作的最高政治原则是党对政法工作的绝对领导和全面领导。习近平总书记在党的十九大报告中指出：“党政军民学，东西南北中，党是领导一切的。”党的领导是中国特色社会主义最本质的特征，是中国特色社会主义制度的最大优势，是党和国家的根本所在、命脉所在。办好中国的事情关键在党，关键在党的领导。党的绝对领导和全面领导是政党领导的最高境界。政法机关是党和人民手中的“刀把子”，政法工作具有鲜明的阶级性、政治性、政策性、实践性等根本属性，习近平强调要在政法工作中实现“坚持党的领导”“支持人民当家作主”“依法治国”三者的统一。他一针见血地指出：“我们要坚持党总揽全局、协调各方的领

导核心作用，坚持依法治国基本方略和依法执政基本方式，善于使党的主张通过法定程序成为国家意志，善于使党组织推荐的人选成为国家政权机关的领导人员，善于通过国家政权机关实施党对国家和社会的领导，支持国家权力机关、行政机关、审判机关、检察机关依照宪法和法律独立负责、协调一致地开展工作。”习近平强调，在国家治理体系的大棋局中，党中央是坐镇中军帐的“帅”，透彻阐明了党与法、党的领导与司法机关依法独立公正行使职权的关系。这一定位把党在政法工作中的领导地位和作用提到前所未有的历史高度，进一步深化了对中国共产党执政规律的认识，发展了马克思主义执政党建设的理论和马克思主义的法治观。

三、阐明了新时代政法工作的根本政治立场和评价标准

政法工作必须坚持“以人民为中心”的立场和人民群众“三感”的评价标准。党章总纲明确规定：“坚持全心全意为人民服务。党除了工人阶级和最广大人民群众的利益，没有自己特殊的利益。党在任何时候都把群众利益放在第一位，同群众同甘共苦，保持最密切的联系。”党的根本宗旨决定了中国共产党的理论和实践的价值导向的“人民性”。

党的十八大以来，以习近平同志为核心的党中央始终坚持“人民对美好生活的向往就是我们的奋斗目标”，坚持全心全意为人民服务的根本宗旨，努力实现好、维护好、发展好最广大人民的根本利益，把“以人民为中心”的根本价值取向贯穿于治国理政的现实实践之中。习近平总书记明确指出：“要把人民群众的事当作自己的事，把人民群众的小事当作自己的大事，从让人民群众满意的事情做起，从人民群众不满意的问题改起，为人民群众安居乐业提供有力法律保障。”提出政法工作“四个决不允许”：决不允许对群众的报警求助置之不理，决不允许让普通群众打不起官司，决不允许滥用权力侵犯群众合法权益，决不允许执法犯法造成冤假错案。要努力让人民群众在每一个司法案件中都感受到公平正义，并把“增强人民群众获得感、幸福感、安全感”确立为新时代政法机关要实现的宗旨目标，同时也是检验一切政法工作成败得失的重要衡量标准。

四、阐明了政法工作的“四大”工作布局

平安中国建设、法治中国建设、过硬队伍建设、智能化建设，这“四大”工作布局清晰地画出了新时代政法工作的行动路线图和战略部署图。

习近平总书记首次在 2013 年 1 月提出“三大布局”的“三大建设”，即平安中国建设、法治中国建设、过硬队伍建设。而在 2018 年 1 月党的十九大后首次中央政法工作会议召开之际，习近平总书记在对政法工作作出的重要指示中提出了“四大布局”的“四大建设”，即平安中国、法治中国、过硬队伍、智能化建设。新增加的

智能化建设,体现了现代科技应用是推动政法工作质量变革、效率变革、动力变革的重要因素。从"三大布局"到"四大布局",从"三大建设"到"四大建设",折射出习近平总书记深刻把握政法工作的时代性、规律性和科学性,紧密结合党和国家推进国家治理体系和治理能力现代化的伟大进程、紧密结合全面推进依法治国基本方略的伟大实践、紧密结合大数据时代的发展而不断发展演进的战略思维。这一布局涵盖了政法工作的所有领域,深刻体现了时代特征,富有鲜明的指向性,体现了党和国家对政法工作的顶层设计和战略安排。

五、阐明了新时代政法工作的历史任务

维护国家政治安全、确保社会大局稳定、促进社会公平正义、保障人民安居乐业,这是习近平总书记运用马克思主义国家理论的基本原理,结合我国政法机关的性质职能和阶段性的历史任务,结合进入新时代中国社会发展的历史新方位和社会主要矛盾的新转换,践行总体国家安全观的新要求而提出的新时代政法工作"四大历史任务"。

2014 年 1 月习近平总书记就指出,维护社会大局稳定是政法工作的基本任务,因为没有稳定的社会政治环境,一切改革发展都无从谈起,再好的规划和方案都难以实现,已经取得的成果也会失去。这为政法机关准确把握维护社会稳定规律、着力提升维护社会稳定能力和水平、为经济社会持续健康发展创造稳定的社会环境提出基本要求。促进社会公平正义是政法工作的核心价值追求,公平正义是政法工作的生命线,司法机关是维护社会公平正义的最后一道防线,这就把中国特色社会主义的内在要求和政法工作的核心价值追求有机联系在一起,既赋予了政法工作新的内涵,也对政法工作提出了新的要求。保障人民安居乐业是政法工作的根本目标,因为平安是老百姓解决温饱后的第一需求,是极重要的民生;人民安居乐业,国家才能安定有序,这就要求各级政法机关要把保障人民安居乐业作为一切工作的根本出发点和落脚点,以人民对平安的愿望和要求为导向,努力提升平安中国建设的能力和水平。2018 年 1 月,习近平总书记提出的"维护政治安全"是将原来隐含在维护社会大局稳定中的"维护以政权安全、制度安全为核心的政治安全"这一首要任务单独提了出来,并且列为四大历史使命之首,深刻体现了新时代政法机关践行总体国家安全观的新使命,彰显了政法机关在履行社会治理、国家治理中维护政治安全的极端重要性以及所处的战略地位。

六、阐明了政法工作的奋斗目标和标准要求

"四大"奋斗目标:努力创造安全的政治环境、稳定的社会环境、公正的法治环境、优质的服务环境。这是习近平总书记在给党的十九大后首个中央政法工作会

议作出的重要指示中提到的。

进入新时代，我国社会主要矛盾发生的历史性变化为党和国家的中心工作提出了新要求，为新时代政法工作服务大局、调整思路提供了总依据。法律赋予政法机关特殊的司法执法权力，这“四大”奋斗目标就是在科学分析新时代政法工作主要矛盾的基础上，坚持民意导向，满足人民在民主、法治、公平、正义、安全、环境等方面日益增长的新需要所确定的政法工作奋斗目标，为新时代政法工作开创新局面、展现新气象指明了发展方向。

明确“五个过硬”的标准要求，提出打造一支信念坚定、执法为民、敢于担当、清正廉洁的政法队伍的建设目标。在全部政法工作中，队伍建设是根本。高度重视政法队伍建设，是我们党的优良传统和惯例。党的十八大以来，习近平总书记极为重视政法队伍建设，并对政法队伍建设问题进行了系列重要论述。2013 年他首次提出要加强平安中国建设、法治中国建设和过硬队伍建设“三大建设”，队伍建设就列在其中。随后在 2014 年，他出席中央政法工作会议并发表的重要讲话中首次提出了按照政治过硬、业务过硬、责任过硬、纪律过硬、作风过硬的要求，努力打造一支信念坚定、执法为民、敢于担当、清正廉洁的政法队伍的建设目标。2016 年在全国政法队伍建设会议召开之际，习近平总书记专门就政法队伍建设作出重要指示，对新形势下政法队伍建设提出明确要求，并明确了加强正规化、专业化、职业化建设这一队伍建设的具体路径。根据习近平总书记的指示精神，中共中央印发了《关于新形势下加强政法队伍建设的意见》，对政法队伍建设作出了全面部署。2018 年，在党的十九大后的首次中央政法工作会议中，习近平总书记在新的批示中又一次强调了队伍建设的要求，为政法工作提供了坚强的组织保障。

习近平总书记关于政法工作的重要论述体现了辩证唯物主义的世界观和方法论原则，习近平总书记运用马克思主义的立场、观点、方法，特别是马克思主义国家理论和历史唯物主义、辩证唯物主义的方法论对新时代政法工作系列重大问题作出了科学回答，比如阐明了作为上层建筑的政法机关的性质、职能和新时代政法工作的历史任务、工作格局和奋斗目标；运用辩证唯物主义认识论为做好新形势下政法工作必须处理好的若干重大关系进行了深度分析，如坚持党的领导和人民当家作主、依法治国的关系，维稳和维权、活力和秩序的关系，依法治国和以德治国的关系，文明执法、公正执法和严格执法的关系，从严治警和从优待警的关系。另外，坚持把政法工作放到党和国家工作大局中去谋划，为经济社会持续健康发展提供法治保障；坚持预测预警预防，有效防范各类风险；坚持把抓基层、打基础作为固本之举，夯实政法工作长远发展的根基等观点，强调把体制机制改革和现代科技创新融合起来为政法工作提供强大动力等，都充分体现了辩证唯物主义的思想方法，充分体现了对新形势下政法工作规律的深刻把握，为政法机关提高政法工作科学化水平提供了强大的方法论武器。

习近平总书记关于政法工作的系列重要论述,科学回答了事关政法工作根本性、战略性、全局性的重大问题,既涉及马克思主义国家理论,又涉及马克思主义政治学、法学等;既涉及国家治理体系和治理能力现代化,又涉及社会主义法治建设特别是全面依法治国方略;既涉及重大理论问题,又涉及关键性的实践问题;既涉及宏观的整体战略层面的问题,又涉及微观的具体战术操作层面的问题。这些重要论述内容博大精深,内涵极为丰富,深刻体现了马克思主义政治家的理论洞见和实践韬略,深刻揭示了新时代政法工作的根本规律,是新时代政法工作的根本遵循。

第二节　公安机关构建社会治理新格局面临的困境

国家治理能力是国家运用各项制度管理社会公共事务的能力。推进国家治理能力现代化就是要使各方面的制度更加科学、完善,在法律的框架内实现党、政府、社会管理社会事务的制度化、规范化和程序化,从而提高党执政的科学性、民主性。而公安机关治理能力现代化的过程即实现公安机关履职能力现代化的过程,其有助于加强社会协同治理,推进法治公安建设进程。新时期社会要素不断变化,犯罪主体、手段的多样性,使得公安机关在社会治理方面面临巨大压力,在实现全民共建共治共享格局的进程中面临一系列问题。

一、执法理念有待提高

社会治理归根结底是对人的管理和服务,公安机关作为国家治安行政和刑事司法力量,是国家公权力的拥有和执行者。社会治安形势的发展要求公安机关必须全面提升对社会治安局势的掌控能力。公安工作中少数公安民警宗旨意识不强,在公权力的执行中将自身凌驾于受服务人员之上,滥用职权,无限度发挥“自由裁量权”,使得公安机关与人民之间服务与被服务的关系发生了错位。这些民警先进执法理念的缺失使其无法与群众进行有效沟通,导致行政效率低下。

二、管理定位有待转换

人口的流动性、互联网技术的广泛应用以及警务资源的有限性加剧了治安管理的难度,这对公安机关有效分配现有资源、履行公安职责提出了更高的要求。当前公安机关对“有限公安”与“无限社会”之间界限的认识模糊,对二者缺乏正确认识。加之群众对公安责任义务的认识偏差,导致基层公安工作任务重,基层民警职责不断扩大、非警务工作急剧增加，多数基层公安机关长期处于超负荷工作状态。警察行政资源有限，警务工作与非警务工作错综复杂，在实际工作中难免“手忙脚乱”，甚至出现只顾自己做而忽视群众利益的局面，以至于管理落后，“管”“放”尺度掌控不到位，行政效能低下，社会治安能力弱化。

三、治理机制有待完善

我国社会治理整体模式趋向单一化，路径选择性不强，存在严重滞后性。部分部门上下联动性不强，传统的自上而下的威权化管理模式长期存在，双向反馈互动机制缺乏，上级部门只管授权而缺乏对具体实施的有效监管。社会管理体制存在的问题源于和社会需求的差距，警务体制作为社会管理体制的重要组成部分，随着从社会管理到社会治理的变化，也凸显出一些不合时宜的问题。

公安机关警务机制精细化不足，警务体制简单、粗放，尽管各地公安机关在警务机构调整、警种融合等方面做了较多努力，但警力资源短缺、不合理的警务考核机制等粗放化机制仍不能满足全方位治安防控体系的需求。警务工作标准化的不统一，各部门、各警种职责的不确定，使现实公安工作存在很大随意性，制约着公安队伍的快速反应、应急管理水平。

四、统筹协调联动缺乏

我国公安机关实行“统一领导、分级管理、条块结合、以块为主”的行政管理体制，这一体制加强了党对公安工作的领导，有利于公安机关职能的发挥，但也存在着公安机关内部机构设置和职能配置不科学等问题。社会问题深层次纵深化延展，使独一部门参与危机处置显得孤立无援。公安工作是一个整体，面对复杂的治安、刑事犯罪，需要各部门、各警种的有效合作协同处置，以不变应万变。政策的碎片化使不同级部门间缺乏系统性和协调性，权威部门微弱的支持力度导致各部门责任分担和利益分配的模糊，加之公安机关内部协作不足，使得警情升级，社会公共安全面临威胁。

五、执法环境恶化

自身的问题由公安机关内部通过自我完善和改革的方式化解，而外部的风险则需要社会、公众协同配合。随着社会要素的不断变化，治安局势、执法环境愈发严峻。基层公安机关是与群众直接接触最多的行政部门，公众对公安工作的低参与度也制约着警民关系的构建。社会转型期由于利益分配格局的调整，社会矛盾错综复杂，各类治安、刑事案件高发，公安机关面临的外在执法压力越来越大。公众法治意识的提升，对自身合法权益诉求的提高，以及社会对公安执法规范化、科学化、法治化的关注,使得公安执法时时处在社会视线之下。自媒体的兴起,加上某些新闻媒体的不合理引导,使得公安机关动辄处在舆论的风口。公民法律意识虽然有了很大提高,但传统价值意义上的道德观在某些案件中仍会出现“道德引领”现象,如“辱母杀人案”中社会舆论浪潮一度超越法律,抢占道德高地。社会环境的变化对公安执法提出了更高的要求,对公安机关构建社会治理新格局提出了更大的挑战。

六、警民信任关系危机

共建共治共享社会治理格局旨在发动全民力量,形成全民参与的社会治理新局面,于公安机关而言,这依赖于良好的警民关系。近年来,警民冲突案件频发,公安机关时常处在舆论的风口浪尖。日益增长的公民权利意识与警察执法能力的落差,公安机关的警察权威受到质疑,警察权力的信任危机遭受前所未有的挑战,警民信任危机亟须有效缓解。张继远在《基层公安机关公共安全治理创新的困境与突破》一文中通过问卷调查的方法用具体数据论证了警民关系亟须重构的现实,警民信任关系重构已成为当前社会治理新格局构建亟待解决的问题。

第五章　公安院校思想政治教育机制构建

坚守和建设公安院校思想政治教育阵地，既是公安院校坚持党的领导的必然要求，又是思想政治教育目标得以实现的政治和思想保证，是公安院校思想政治教育的重要使命。如果马克思主义在公安院校办学中的指导地位受到动摇，党的领导地位受到削弱，思想政治理论课没有高水平的、能被学生喜欢和认同的教学内容和方法途径，公安院校思想政治教育就会因缺乏强有力的政治组织支持，缺乏分辨是非和方向的标准，缺乏科学理论支撑和大学生自觉接受等问题，而流于形式，甚至变为无法落实的口号而名存实亡。

为此，公安院校党组织和思想政治教育的领导者和教育者，必须牢固树立政治意识和阵地意识，将坚持马克思主义指导地位落实到高校教学、科研和管理的各个方面，将高校建设成为坚持马克思主义指导地位、弘扬社会主义主旋律的精神家园。从而为当代加强和改进大学生思想政治教育奠定坚实的政治思想基础，创造优良的教育教学环境和条件。

第一节　思想政治教育工作导向

坚持实事求是，按变化了的事实及其发展的客观规律制定科学有效的方针方法，是中国共产党的优良传统和作风。改革开放以后，党在加强和改进大学生思想政治教育实践中，探索出了符合当代大学生思想政治教育规律，适应新形势的体制、机制和方法。面向未来的大学生思想政治教育，需要更加自觉地遵循大学生思想政治教育的特殊规律，坚持大学生思想政治教育的基本制度，发扬优良传统，并在实践中推动其进一步发展和完善，提升其教育的影响力和实际效果。

一、毫不动摇地坚持党的领导

公安院校思想政治教育具有显著的阶级性和意识形态性，必须始终坚持党的领导。历史经验表明，只有始终坚持党的领导，学生的思想政治教育才能获得发展，而一旦偏离了党的领导，大学生思想政治教育就会遭受挫折。高校必须毫不动摇地加强和改进党对大学生思想政治教育的领导，将其放在学校工作的首位，贯穿于教育教学的全过程。加强和改进党的领导要充分发挥党委的领导核心作用。中共中央办公厅、国务院办公厅《关于进一步加强和改进新形势下高校宣传思想工作的意见》明确要求:“高校党委要强化政治责任和领导责任,党委书记、校长要旗帜鲜明地站在意识形态工作第一线,充分发挥高校党委的领导核心作用,坚持和完善党委领导下的校长负责制,建立健全高校党委统一领导、党政工团齐抓共管、党委宣传部门牵头协调、有关部门和院(系)共同参与的工作机制,充分发挥院(系)党组织保证监督作用,加强高校共青团建设,加快推进高校章程制定和核准工作。……要构建高校宣传思想工作大格局,各级党委和政府要从战略和全局的高度,充分认识加强和改进高校宣传思想工作的极端重要性和现实紧迫性,把这项工作始终摆在重要位置,切实加强领导。”加强和改进党的领导要与改进和完善党的领导结合起来。高校党委的建设状况和党员素质状况、高校党委的领导水平对大学生思想政治教育具有重要影响。高校党委肩负着开展大学生思想政治教育的重要任务,能否做好这一工作,从根本上关系高校的稳定发展,关系高校的办学性质、教育成败,关系大学生的健康成长。始终坚持党的领导,要进一步改进和完善党的领导,着力提高高校党委领导大学生思想政治教育的能力,提升高校党委开展大学生思想政治教育工作的水平。

二、把握学生政治思想的特点

公安院校思想政治工作的有效推进必须毫不动摇地坚持党的领导,这是确保大学生形成积极、健康、向上的政治态度和政治选择的根本保证。同时,学生的思想政治教育工作有效推进还必须及时准确地把握在校生的思想动态,以此确保各项举措高效实施。

党的十八大以后,一系列调查研究表明,当代大学生的政治思想状况总体上呈现积极健康发展的良好态势。

在政治态度与政治行为方面,“当代大学生对党和国家政治态度的主流是健康的、积极的,他们拥护党的领导,赞成党的基本路线,支持国家基本政治制度,具有高度的国家认同和民族认同”①。“大学生对主流价值文化具有高度的思想认同,对中国特色社会主义形成了广泛的政治共识;对中国梦、社会主义核心价值观积极关注并具有强烈的践行意愿,乐于奉献,勇于担当,富有社会责任感;生活状态积极

① 中共中央党校第32期中青一班课题组:《当代大学生政治态度调研报告》,《中国党政干部论坛》2012年第7期。

乐观,展现出崇德向善的道德品质、健康向上的价值追求与爱国好学的青春气质。”①在政治行为上,“当前多数大学生对政治有极高的热情和浓厚的兴趣,其政治行为的主流积极健康向上”②。多数大学生心系天下,密切关注国内外时政热点,关心国家的前途与安危,多数大学生政治参与意愿强烈,主动接触政治,投票选举意愿强烈。

在道德意愿与道德践行方面,高度肯定雷锋精神的时代价值,“超过 92.0% 的大学生认为在当今社会‘雷锋精神’并未过时,仍值得发扬,并且乐于践行”③;“91.7% 的大学生愿意参加诸如抗震救灾、山区支教、环境保护等相关志愿活动,83.1% 的大学生平均每年都会参与公益(义务)活动”④。这表明,大学生参与志愿活动的意愿强烈并积极付诸实践,展现出了高度的社会责任感和勇于担当的精神风尚。

在价值认知与行为选择方面,“77.8% 的大学生对‘人生梦想是国家梦、民族梦、个人梦的有机统一’表示认同”⑤,这表明大学生“能够正确认识中国梦的集体与个人意义,重视个人价值与社会价值的有机统一,人生追求积极向上”⑥。

总的来说,大学生的政治思想主流是积极、健康、向上的。这同我们党对大学生思想政治教育工作的高度重视和坚强领导分不开。

然而,当今世界正处于一个政治多极化、经济全球化、文化多元化、网络信息化的复杂时代,尤其是社会思潮多元、多样、多变。再加上当今大学生大多出生于 20 世纪 90 年代,他们思想多元、生活方式多样,了解世界、认识世界的方式方法多元化,他们有独生子女的自我意识,在思想上有求新求异的特点,但社会阅历较浅,这使得当代大学生的政治思想还存在一些问题。部分大学生对西方基本政治制度存在一定模糊认识,部分大学生中存在个人本位的价值倾向,“在‘个人价值’与‘社会价值’之间,18.6% 的大学生倾向于‘个人价值’,高出倾向于‘社会价值’的人数比例 11.3 个百分点,个人主义价值观在大学生中占有一定市场”⑦。少数大学生还存在着政治认知模糊、政治效能感偏低、政治疏离感较强、政治取向功利、政治知

---

① 沈壮海、段立国:《2014 年度大学生思想政治状况分析——基于全国 30 所高校的调查》,《思想政治教育研究》2015 年第 8 期。

② 黄蓉生、王华敏:《大学生政治行为现状调查与引导对策》,《学校党建与思想教育》2014 年第 21 期。

③ 沈壮海、段立国:《2014 年度大学生思想政治状况分析——基于全国 30 所高校的调查》,《思想政治教育研究》2015 年第 8 期。

④ 同上。

⑤ 同上。

⑥ 同上。

⑦ 同上。

行脱节等问题。有效解决这些问题，一方面，必须继续始终不移地坚持党的领导，并进一步改进和完善党的领导，提升党委对大学生思想政治教育的领导水平，健全大学生思想政治教育制度，注重对大学生进行人文关怀和心理疏导；另一方面，要着力改进社会环境，为大学生思想政治教育工作的有效开展营造良好的外部环境。

三、健全思想政治教育制度

思想政治教育制度建设对于增强学生思想政治教育的实效，推动思想政治教育的发展进步，提升思想政治教育的科学化水平具有重要意义。党历来高度重视大学生思想政治教育基本制度的建设。《中共中央国务院关于进一步加强和改进大学生思想政治教育的意见》强调："充分发挥党团组织在大学生思想政治教育中的重要作用"，要求"建立健全与法律法规相协调、与高等教育全面发展相衔接、与大学生成长成才需要相适应的思想政治教育和管理的制度体系"。

第一，要继承中国共产党在长期的大学生思想政治教育中形成的行之有效的基本制度。着力健全和完善包括党委领导行政全面负责的大学生思想政治教育领导制度；思想政治理论课程的必修制度；大学生辅导员工作制度；学校行政、教务、教辅、后勤各部门齐抓共管制度；共青团、学生会组织的大学生自我教育、自我管理和自我服务制度，等等。这些制度是保证大学生思想政治教育发挥教育培养效用的基本制度，是中国共产党大学生思想政治教育的政治优势，必须按照党中央和教育部的要求建设好和完善好。

第二，要结合发展变化的世情、国情和党情，结合宣传、教学手段的现代化发展，遵循大学生思想政治教育基本规律，大胆创新大学生思想政治教育的体制机制。要深入推进班级党支部建设的制度化、规范化。着力发挥共青团和学生组织在加强和改进大学生思想政治教育中的不可替代作用，坚持加强党建带团建、坚持依靠学生会和研究生会的力量，不断创新党团制度、党建带团建制度、学生会和研究生会管理制度。着力发挥班级、社团组织形式在大学生思想政治教育中的重要影响，创新班级制度、不断增强班级思想政治教育的承载功能，创新大学生社团管理工作机制、鼓励大学生社团创造性开展工作、深入推进大学生社团发展、有效增强大学生社团思想政治教育承载功能。

第三，激励各部门、各单位，将百年树人、德育为先的要求，落实到规范教师和职工行为的具体规章制度和考核指标中，健全和完善教书育人、管理育人和服务育人的管理和考核制度。要努力营造自觉执行和遵守制度的氛围；完善制度执行的内部和外部监督体制，将监督压力转化为大学生思想政治教育工作者的工作动力，定期对大学生思想政治教育基本制度的内容与实施情况进行评价，以推动大学生思想政治教育基本制度的不断完善，保障大学生思想政治教育基本制度的有力执行。

四、注重人文关怀和心理疏导

进入21世纪后,随着我国高等教育大众化阶段的到来,大学生的就业形势日益严峻,面对复杂多变的社会,大学生普遍承受着各种心理压力,大学生心理障碍、心理疾病频繁出现,并呈不断增长趋势。另一方面,学生思想政治教育工作"仍然存在着从学校及社会道德规范方面要求多,从人的个体需求及权利方面考虑比较少;关心群体思想状况多,关注个体精神活动比较少;生硬的教导、指导和灌输多,科学的渗透、引导和疏导比较少等情况"①。因此,注重人文关怀和心理疏导是加强大学生思想政治教育针对性和实效性的有效途径,也是丰富大学生思想政治教育方法的重要举措。

人文关怀是对人的生存及生命意义的尊重与关心,主要表现为对人的尊严、价值和需求的关怀。在思想政治教育工作中,人文关怀是指尊重人的主体地位和个性差异,关心人丰富多样的个体需求,激发人的主动性、积极性、创造性,促进人的自由全面发展。心理疏导是源于心理学的一个概念,强调尊重心理活动的规律,通过疏通、引导等方式来排解心理困惑,养成良好的心理状态。

第二节　强化核心价值观教育

一、社会主义核心价值观之于青年的意义

青年是祖国的未来,是民族的希望,引导青年自觉践行社会主义核心价值观,对于实现国家富强、民族振兴、人民幸福的中国梦具有十分重大的意义。党的十八大以来,习近平总书记通过讲话演讲、谈话、书信、批示等,发扬光大中国共产党的政治优势与优良传统,深刻指出中国特色社会主义事业是面向未来的事业,需要一代又一代有志青年接续奋斗。"青年兴则国家兴,青年强则国家强。"在中国特色社会主义事业需要全体中华儿女勠力同心、团结奋斗的当下,社会主义核心价值观之于青年的特别意义毋庸置疑。

成长于社会大变革时代的在校大学生,迫切需要社会主义核心价值观的引领。社会大变革时代的大国关系正在发生复杂而深刻的变化,中国也正在发生广泛而深刻的变革,世界范围内各种思想文化交流交融交锋更加频繁,国际思想文化领域

---

① 寇红江等:《人文关怀和心理疏导:加强大学生思想政治教育的新着力点》,《思想教育研究》2009年第11期。

斗争尖锐激烈，一些西方国家把我国发展视为对资本主义价值观和制度模式的挑战，加大对我国进行战略抑制；国内改革开放步入全面深化的"深水区"，经济发展进入稳步增长时期，社会经济成分、组织形式、就业方式、利益关系、分配方式日趋多样多元，社会矛盾集中呈现。世情国情党情的深刻变化，使人们思想的独立性、选择性、多变性和差异性明显增强，用社会主义核心价值观引领大学生的任务更加艰巨。互联网已成为舆论斗争的主战场，以享乐主义、自由主义、极端个人主义等为表现形式的非主流价值在一定范围流传，因此加强舆论引导，掌握网络舆论主动权，抵御错误思潮更加迫切。

处于社会大变革的时代条件下，大学生的成长进步离不开社会主义核心价值观的引领。社会主义核心价值观把涉及国家、社会、公民的价值要求融为一体，既体现了社会主义本质要求，继承了中华优秀传统文化，也吸收了世界文明的有益成果，体现了时代精神，从根本上揭示了我们要建设什么样的国家、建设什么样的社会、培育什么样的公民的重大问题，是凝聚当代青年价值共识、巩固共同思想基础、汇聚实现中华民族伟大复兴的精神动力和价值支撑。正如习近平总书记所说："为什么要对青年讲讲社会主义核心价值观这个问题？是因为青年的价值取向决定了未来整个社会的价值取向，而青年又处在价值观形成和确立的时期，抓好这一时期的价值观养成十分重要。这就像穿衣服扣扣子一样，如果第一粒扣子扣错了，剩余的扣子都会扣错。人生的扣子从一开始就要扣好。"青年时期是世界观、人生观、价值观形成的重要时期，这一时期确立的价值观念，不仅影响青年个人人生价值的实现，还决定整个社会的未来走向。

面对新环境新形势，一些青年不同程度地存在政治信仰缺失、理想信念模糊、价值取向扭曲、社会责任感缺乏、艰苦奋斗精神淡化、团结协作观念较差等问题。时代的重任又赋予了青年，"中华民族伟大复兴的中国梦终将在一代代青年的接力奋斗中变为现实"。"现在在高校学习的大学生都是20岁左右，到2020年全面建成小康社会时，很多人还不到30岁；到本世纪中叶基本实现现代化时，很多人还不到60岁。也就是说，实现'两个一百年'奋斗目标，你们和千千万万青年将全过程参与。"在大学生中培育和践行社会主义核心价值观，有利于引领大学生的成长进步，在各族人民中统一思想、凝聚力量，这事关党和国家事业的长远发展。

二、社会主义核心价值观的科学性分析

虽然是一种不断发展着的价值观，但在社会主义特定的发展阶段，由于政治、经济、文化等要素的相对固定，社会主义核心价值观也表现出相对的稳定性，党的十八大提出的"倡导富强、民主、文明、和谐，倡导自由、平等、公正、法治，倡导爱国、敬业、诚信、友善，积极培育社会主义核心价值观"，就是社会主义核心价值观发展

到今天最新的阶段性表述，是当下及今后比较长的一段时间内我们必须倡导和践行的最高价值原则。

“三个倡导”所包含的都是社会主义最基本、最核心，最重要的价值理念：“富强、民主、文明、和谐”是社会主义核心价值观在价值目标上的规定；“自由、平等、公正、法治”是社会主义核心价值观在价值导向上的规定；“爱国、敬业、诚信、友善”是社会主义核心价值观在价值准则上的规定，这十二个体现着明确价值要求的词语，每一个都蕴含十分丰富的科学内涵。

（一）科学的价值目标

“富强”是社会主义现代化国家经济建设的应然状态，社会主义在经济建设领域的价值目标就是通过发挥自己的制度优势以创造更多的物质财富、惠及更广的人民大众、促进国家的强盛和人民的富裕，这也就切合了解放和发展生产力，消灭剥削、消除两极分化，最终达到共同富裕的社会主义本质。

社会主义核心价值观强调的富强，内在地包含三重价值内涵。第一，民富国强是富强的题中之义。民富与国强是一对辩证统一体，它们相互依存、相互促进、相辅相成——人民的富足离不开国家的有力支撑，没有国家的独立和强大，人民不可能享有幸福安康的生活，强盛的国家是人民富裕和幸福的保障；国家的强盛离不开人民的辛勤工作，没有人民的创造和贡献，国家不可能保有持续发展的繁荣，富裕的人民是国家稳定和强盛的基础。第二，科学发展是富强的必由之路。科学发展是以人为本、统筹兼顾的发展，是全面、协调、可持续的发展，强调的是经济发展的效益和质量、强调的是在经济发展的同时必须关照社会发展的各个层面，只有这样，才能筑牢国家发展繁荣、全国各族人民幸福安康和实现中华民族伟大复兴的强大物质基础。第三，共同富裕是富强的核心要义。共同富裕体现出人民创造的财富属于人民、社会财富由人民共享的实质，内在地包含着社会主义和谐平等、集体主义的价值原则，它既是社会主义的价值取向，也是社会主义的制度优势，更是社会主义的本质特征，即社会主义所追求的不是个别人、少数人的富裕，而是全体人民的富足安康和整个国家的强盛壮大。当然，走向共同富裕并不是同步富裕，而是以先富带动后富、以局部富裕带来整体富裕。

“民主”作为一种政治制度，其实质是人民的统治、人民的选择，保障人民的权益、实现人民的平等。民主虽然由资本主义最早提出，但民主不仅仅是资产阶级的口号，它也是社会主义的本质要求，没有民主就没有社会主义，没有社会主义民主就没有社会主义现代化。

社会主义核心价值观强调的民主，内在地包含三重价值内涵。第一，社会主义民主是社会主义的民主。社会主义民主的基本前提是社会主义，社会主义民主的终极目的也是社会主义,社会主义民主的根本保障更是社会主义,所以,坚持中国特色社会主义的政治发展道路,坚持党的领导、人民当家作主、依法治国的统一,坚持社会主义的根本道路和基本制度,既是社会主义民主的内在要求,也是实现社会主义民主的根本途径。第二,社会主义民主是全民参与的民主。社会主义民主是人民民主,"人民当家作主是社会主义民主政治的本质和核心",人民当家作主就是多数人的民主。在社会主义制度下,持续有序地扩大公民的政治参与,切实保障全体人民依法管理国家事务和社会事务、发展经济和繁荣文化的权利,而且必须通过不断完善和更好地实施人民代表大会、政治协商制度、民族区域自治制度和基层群众自治制度等民主机制来实现。第三,社会主义民主是逐步发展的民主。民主是一个历史的、动态的范畴,健全社会主义民主制度、丰富社会主义民主形式,拓宽社会主义民主渠道,充分保障全体人民的知情权、参与权和监督权,实现真正的民主选举、民主决策、民主管理和民主监督,是社会主义民主追求的目标,但这个目标的达成却是一个渐进的历史过程,需要结合社会主义经济社会发展的实际,通过民主机制的建立与健全、民主路径的扩展与完善、民主意识的确立与提升而逐步实现。

"文明"作为人类一种永恒的价值追求,通常用以表示国家和社会的开化程度和进步状况,体现的是社会进步合规律性和主体发展合目的性的统一。文明是社会进步的重要标志,自然也是社会主义现代化中国的重要特征和应有状态,并且是实现中华民族伟大复兴中国梦的重要支撑。

社会主义核心价值观强调的文明,主要是指与经济、政治并列的文化内涵,即精神文化的内涵,它内在地包含三重价值内涵。第一,社会主义文明的旗帜是社会主义先进文化。"文化建设是中国特色社会主义事业总体布局的重要组成部分……没有社会主义文化繁荣发展,就没有社会主义现代化",也就谈不上社会主义文明;文化引领时代风气之先,中华民族伟大复兴必然伴随着中华文化繁荣兴盛,社会主义文明必然要把社会主义先进文化作为自己的旗帜:当下中国的先进文化是指以社会主义核心价值体系为精髓,以培养有理想、有道德、有文化、有纪律的公民为目标,以面向现代化、面向世界、面向未来为导向,民族的、科学的、大众的、开放的、包容的社会主义文化,社会主义先进文化可以为中国的社会发展提供强大的精神动力、促进社会的全面进步。第二,社会主义文明的基础是社会主义文化强国。建设社会主义文化强国"就是要着力推动社会主义先进文化更加深入人心,推动社会主义精神文明和物质文明全面发展,不断开创全民族文化创造活力持续迸发、社会文化生活更加丰富多彩、人民基本文化权益得到更好保障、人民思想道德素质和科学文化素质全面提高的新局面",这是中国共产党在新的历史时期按照全面建设小康社会的奋斗目标,对中国文化建设提出的新要求和新目标。只有实现了这个目标,社会主义文明才会有更为根本与切实的保障。第三,社会主义文明的要义是物质文明与精神文明的统一。社会主义社会生产力的发展可以创造出更为丰裕的物质条件,由此可以更好地促进社会成员精神与智力的自由发展,促进社会主义文化事业的进步,所以,物质文明是精神文明发展的奠基石。社会主义先进文化能够为社会生产力的发展提供更为强有力的精神动力和智力支持,也能够塑造出更为全面发展、更具创造力的社会主义新人,这些都是促进社会主义社会生产力解放和发展的必备条件,所以,精神文明是物质文明发展的催化剂。精神文明与物质文明相互影响、相互作用并且统一于实现社会主义文明的进程之中,统一到最终实现的社会主义文明之中是中国特色社会主义的重要特征。

“和谐”既是中华传统文化的基本理念,也是炎黄子孙的民族性格。作为基本理念,和谐内在地包含着人与自然的和谐、人与社会的和谐、人与他人的和谐、人自身的和谐等内涵;作为民族性格,和谐天然地包含着尚中贵和、平等互信、包容互鉴、合作共赢等精神。

社会主义核心价值观强调的和谐,内在地包含三重价值内涵。第一,和谐的根本在于人自身的和谐,在经典作家那里,未来的共产主义社会中的人,是自由人的联合体中的人——自由个性充分发展、社会关系日益丰富、能力与潜能充分发挥、需要与诉求全面满足、与他人和谐共处、与自然和谐共生——这是自由而全面发展的人;社会主义作为共产主义的初级阶段,其主流价值观强调的和谐内在地包含着创造平等、追求自由、消除差异的内容,就其终极价值指向而言,首先是人自身的和谐,其后是经由此而实现的人类整体发展、整体和谐。第二,只有社会主义才能实现真正的和谐。在资本主义社会,由于存在着生产资料私有制与社会化大生产的矛盾、存在着无产阶级与资产阶级的矛盾等基本对抗性矛盾,因此不可能建立起持久的和谐社会;在社会主义社会,虽然也存在着许多矛盾,但总体上看都属于可调和的非对抗性矛盾,这种利益主体之间有利益分歧但存在根本一致的特性就决定了在社会主义社会具有建成真正和谐的可能性,可以说,是社会主义制度的确定为“和谐”奠定了政治基础、提供了制度保障。第三,构建和谐是一个永无止境的过程。和谐是一种状态,折射的是人类活动合规律性与合目的性的统一,反映的是矛盾统一体动态平衡后的整体性与协调性的集中,所以,社会主义核心价值观要求的和谐,是经由社会主义制度不断完善、经由社会主义制度中的人的不断发展而不断改进与发展的和谐,是在改进与发展过程中表现出多样性的和谐。在当下,建设社会主义和谐社会,是社会和谐所追求的现实性目标,也是永无止境地构建和谐的过程中的阶段性目标。

(二)科学的价值导向

“自由”是人类永恒的价值追求,指向的是人的意志和思想、存在和发展的一种无拘无束的理想状态。自由在认识论上是指人对必然的认识和把握,在实践论上是指人之权利于法律和制度范围内不受限制地行使。马克思主义是关于无产阶级和全人类解放的科学学说,因此自由也是马克思主义追求的社会价值目标。

社会主义核心价值观强调的自由,内在地包含三重价值内涵。第一,社会主义追求的自由是终极意义上的自由。人类所希望的终极自由是在“每个人的自由发展是一切人自由发展的条件”的共产主义社会中,以生产力的发展、社会物质财富的增长、私有制的消灭、旧式社会分工的消除为必要条件,人“成为自然界的自觉和真正自己的主人”的自由,这种终极自由一方面强调人类自身的自由而全面发展的状态,另一方面强调人类认识由必然到自由的飞跃。社会主义社会虽然仍处于人对物的依赖关系的社会阶段,但由于无产阶级掌握了政权、生产资料公有制占据了主导地位,因而是共产主义的初级阶段。社会主义的一切努力都是为了实现共产主义,价值观念上的引导也不会例外,所以,核心价值观中的自由,尽管在现实形态上与共产主义的自由有相当的差距,但就其本质属性而言,一定要也一定会符合共产主义的根本要求。第二,社会主义的自由是社会主义制度保障下的自由。正是基于对自由的终极追求,社会主义制度的建立和发展、改革和完善的目的就在于营造公平公正的社会环境,以保障社会主义社会中每一个人的自由发展,这个目的体现在经济制度上,表现为公有制的建立消除了私有制,从而为社会成员经由经济上的独立而达成根本的平等和自由提供了制度上的保障;体现在政治制度上,则表现为从宪法和法律的高度规定和保证了人的人身权利、人格尊严、言论自由、宗教信仰、劳动权利、教育权利、私有财产等基本自由和权利;从根本上讲,只有在社会主义制度的保证下才能实现真正的自由。第三,社会主义的自由是不断发展着的自由。社会主义是向共产主义过渡的社会阶段,社会主义也是不断进步的社会阶段,自由是历史的范畴,也是具体的范畴。因此,社会主义的自由一定是一种不断发展的自由,这种发展性一方面体现在经济基础上,即自由随着社会生产力的发展和社会财富的增长而不断进步,另一方面体现在政治的上层建筑上,即自由随着制度的完善和体制的健全而不断深入,再一方面体现在观念的上层建筑上,即自由随着法治理念、道德观念等社会意识形态整体水平的提升而不断拓展。具体到当下的社会主义中国,自由一定是与具体国情相适应的自由,它正在因为生产力发展水平、生产关系变革程度和主流意识形态的发展状态等因素的综合影响而稳步发展、逐步提升。

“平等”是人的最基本权利,指向的是通过公平的社会机制和价值引导,既保障公民个人在政治、经济、文化等各个方面均享有同等权利，也保障每个人基于社会贡献所要求得到的权利、利益和尊重，主要包括权利平等、机会平等以及结果平等。平等也是社会主义社会的重要价值准则，强调平等对于保障个人权利、调整利益关系、调和价值冲突、维护社会稳定有着重要的作用。

社会主义核心价值观强调的平等，内在地包含三重价值内涵。第一，社会主义的平等强调的是社会平等。社会平等是尊重“人之权利”、凸显“人之价值”、极具“人性意蕴”的平等，其直观体现就是每个社会成员的平等，“努力形成全体人民各尽所能、各得其所而又和谐相处的局面”，既不搞“不患寡而患不均”的绝对平均，也不搞资本主义社会的虚假平等，让全体中国人民“共同享有人生出彩的机会，共同享有梦想成真的机会，共同享有同祖国和时代一起成长和进步的机会”是社会主义的平等所追求的目标，其核心在于每个社会成员的机会平等，即“参与社会分配的机会平等、参与政治交往的机会平等、参与创造制度文明的机会平等”，这一极具政治伦理意蕴的价值目标体现的是真正的平等。第二，社会主义的平等是基于社会主义制度的平等。以唯物史观来分析人类社会发展可以得出一个基本结论：人类社会不平等的根源在于对生存条件的占有或掌控的不平等，但在社会主义社会，这一根源基本得以消除，生产资料经由公有制实现了全体社会成员的平等占有，所以，社会主义制度首先从根本上保证了平等实现的条件。有了社会主义制度这一根本保证，就能够确保通过民主权利保障制度、立法制度和司法体制、公共财政体制、社会分配制度、社会保障体制等机制体制的建立和完善，保障人民在政治、经济、文化、社会等方面的权利和利益，使每一个人的平等更好地得以实现。第三，实现社会主义的平等是一个渐进的过程。“平等”是人类永恒的价值目标，人类追求平等的漫长而艰辛的过程表明，平等不是一个抽象的范畴，平等理念之张扬、平等规则之健全、平等行为之规范、平等目标之实现，都需要具体的社会环境、社会认知、社会制度坚实地持续支持，也都需要社会主体自觉地长期践行。平等在社会主义社会也同样不会一蹴而就，虽然我国在保障民众平等权利方面取得了长足的进步，但是，从现实状况考察，社会的平等程度还有待进一步改善，走向平等的路依然很长，必须通过发展社会生产力、完善社会主义制度，以推动人人平等、事事平等、时时平等、处处平等的社会主义平等局面的形成。

“公正”，即公平和正义，其价值指向可分为两个层面：一个是程序上的公正，主要表现为标准和规则的公正，同时也要求制度面前人人平等；另一个是结果上的公正，主要表现为社会的价值取向以追求最大多数成员的福祉为目的，同时也尊重具体情况下的个人差异。公正是人类社会文明进步的重要标志，也是社会主义的本质要求。

社会主义核心价值观强调的公正，内在地包含三重价值内涵。第一，社会主义的公正是以人民民主为基础的公正。坚持人民在国家和社会中的主体地位，是人民民主的根本要义，也是实现社会主义公正的价值目标，通过实现人民民主而“逐步建立和完善以权利公平、机会公平、规则公平、分配公平为主要内容的社会公平保障体系，努力营造公平的社会环境，保证人民的平等参与、平等发展权利”，就能够实现真正的公正，同时也能够通过坚持公平正义以推进人民民主的进一步完善。第二，社会主义的公正是与人的全面发展相结合的公正。马克思主义以消灭阶级、消灭剥削、实现人的自由而全面的发展、解放全人类为己任，以马克思主义为指导思想的社会主义，其“公正”之价值原则一定是为了实现每个人的自由而全面发展：一方面，社会的发展、社会公平正义的实现，以人的发展为基石，发展着的人的实践同时也是社会公平正义的标尺，所以，离开了人的发展、离开了发展着的人的实践，根本谈不上什么社会公平正义；另一方面，有什么样的社会，就有什么样的社会的人，社会主义的公平为社会主义社会中的人提供了平等的环境和优越的条件，能够促进每个人的自由而全面的发展。第三，社会主义的公正是社会主义制度保障下的公正。真正的公正，在于能够最大限度地满足和保障最广大人民群众的根本利益的实现，这就需要以国家权力公正的强化作保障、同社会机制公正的持续相协同、以民众公正素养的提升为辅助，而这些只有在社会主义制度下才能真正同时具备。社会主义通过“加紧建设对保障社会公平正义具有重大作用的制度”，为实现社会主义的公正提供制度保障，完善社会主义民主制度以巩固人民政治地位、保障人民民主权利，完善社会主义法治制度以依法保护公民的权利和自由，健全社会主义公共财政制度以优化资源配置、实现成果共享，改革社会主义分配制度以促进共同富裕，完善社会保障制度以保障基本民生，从而在保证全体社会成员充分享有社会主义的公正的同时，推动社会主义公正的价值理念的深入化与实践化。

“法治”，即依法治国、依法行事，其核心要义在于通过法治建设以保障和维护公民的合法权益。法治既是现代国家治国理政的基本方式，表现为制度层面的治国方略，也是现代社会普遍追求的价值取向，表现为观念层面的法治精神。在当下中国，以法治精神加强制度化和法律化的建设，保证社会主义各项事业得以有效推进、保障人民群众正当诉求得到切实关照，是实现中华民族伟大复兴的制度基础和价值前提。

社会主义核心价值观强调的法治，内在地包含三重价值内涵。第一，社会主义法治是中国共产党领导下的法治。党的领导是中国特色社会主义最本质的特征，是社会主义法治最根本的保证。把党的领导贯穿到依法治国全过程和各方面，是我国社会主义法治建设的一条基本经验。我国宪法确立了中国共产党的领导地位。坚持党的领导，是社会主义法治的根本要求，是党和国家的根本所在、命脉所在，是全国各族人民的利益所系、幸福所系，是全面推进依法治国的题中应有之义。

党的领导和社会主义法治是一致的,社会主义法治必须坚持党的领导,党的领导必须依靠社会主义法治。只有在党的领导下依法治国、厉行法治,人民当家作主才能充分实现,国家和社会生活法治化才能有序推进。第二,社会主义法治是立足于社会主义中国的法治。社会主义中国的根本特征就在于"中国特色社会主义的理论、道路、制度",因此,社会主义核心价值观强调的法治,一定是遵循中国特色社会理论指导的法治,一定是立足于中国基本国情的法治,也一定是同改革开放不断深化相适应的法治。完善社会主义法律体系,建设中国特色社会主义的法治国家,需要"汲取中华法律文化精华,借鉴国外法治有益经验",但决不能照搬外国的法治理念和模式。第三,社会主义法治是以人民群众为主体的法治。我国的社会主义性质决定了国家一切权力都属于人民,人民群众的利益是法治建设的目标主体。法治作为一种制度层面的治国方略,一方面必须以人民群众为主体,在立法和司法的各个环节必须走群众路线,听取群众的意见和呼声,切实保障人民权利,拓展人民有序参与的渠道;另一方面,社会主义国家是人民的国家,因而社会主义法治也是全民参与的法治,人民群众是法治建设的实践主体。法治作为观念层面的价值取向,一定需要每一个公民自觉弘扬社会主义的法治精神,真正做到充分相信法律、基本掌握法律、自觉遵守法律、主动运用法律。

(三)科学的价值准则

"爱国"作为中华文化中的优秀传统,是调节个人与祖国关系的行为准则,是每一个公民必须履行的道德律令、政治责任和法律义务。爱国就是要爱祖国的大好河山、爱祖国的各族人民、爱民族的灿烂文化、爱自己的国家,其根本要求在于以振兴中华为己任,促进民族团结、维护祖国统一、自觉报效祖国,将为国奉献作为职责。

社会主义核心价值观强调的爱国,内在地包含三重价值内涵。第一,爱国的关键在于爱社会主义中国。社会主义制度在中国的建立,是历史的选择、人民的选择;社会主义制度在中国的建立,为当代中国一切发展进步奠定了根本政治前提和制度基础;中国共产党是我国社会主义事业的领导核心,爱社会主义中国的核心在于拥护中国共产党的领导,坚定不移地维护党的领导地位。第二,爱国的方式在于理性爱国。理性爱国的基本要求是,基于国家和民族利益最大化的根本目的,偏爱但不偏激、激动而不冲动、主动却不盲动,全面、客观、冷静地借助交流、对话、谈判等非暴力方式表达爱国热情和诉求。在当前复杂的国际国内环境下,以理性的方式爱国,既有助于维护国内的安定团结和社会和谐,又有助于争取国际更为广阔的和平发展空间,还有助于激发国人的无穷智慧和力量,从而更好地将国人的爱国之情转化为报国之行。第三,爱国的目标在于实现中国梦。"国家富强、民族振兴、人民幸福”是近代以来中国人梦寐以求的国家梦想,不同生活方式、不同政治信仰的中华儿女对这个目标也一定会认同;目标的认同催生出趋同的行动,中国梦最能凝聚所有炎黄子孙的心气,能够激发出全世界华人的爱国热情;中国社会主义革命和建设的实践证明,我们正在实现中国梦的路上、我们定会实现中国梦;在新的时代条件下的爱国,就是要始终坚持爱国之情和报国之行的统一,为改革开放和社会主义现代化做出自己真切的贡献,共同致力于发展中国特色社会主义、实现中华民族伟大复兴的伟大事业。

“敬业”,指的是从业者在职业行为中表现出来的对职业价值的认同、对职业本身的热爱,以及基于这种认同和热爱而生发的积极主动的工作意向、兢兢业业的职业行动。敬业所强调的,一方面是从业的态度和过程,也就是认真地对待本职工作,忠于职守、任劳任怨、克己奉公,另一方面是从业的结果和效益,也就是优秀地完成本职工作,注重效率、服务人民、奉献社会。

社会主义核心价值观强调的敬业,内在地包含三重价值内涵。第一,敬业是社会主义道德建设所追求的重要目标。社会主义道德建设包含社会公德、职业道德、家庭美德、个人品德四个方面的内容,职业道德作为从业者在职业活动中应当遵循的行为准则,其第一个要求就是爱岗敬业。坚持敬业的价值观念和道德目标,从个体角度看,有助于通过建功立业方式保障个人幸福生活,从群体角度看,有助于提升职勤业精的程度以推动社会经济发展。第二,敬业体现了社会主义道德建设所内在的价值底蕴。社会主义核心价值观中的敬业,敬的是服务于人民和社会的非一己之利的业,这种敬业才能真正既注重在从业时对过程的求真,又强调在从业时对结果的求善,才能真正反映出职业主体的个人价值和社会价值的统一,社会主义核心价值观中的敬业,既确认了社会对职业行为的需要,也指明了社会对职业行为的认可,这种价值评判性质的敬业就不仅仅是一种单纯的职业态度,而是升华为精神追求,因此也就具有了更为崇高的价值意蕴。第三,敬业彰显了社会主义道德建设所希望的价值原则。社会主义道德建设作为培育和践行社会主义核心价值观的重要路径,终极追求是主体在实践中的知行合一,也就是把观念层面的价值目标真正转化为实践层面的具体行动;在社会主义核心价值观中,敬业既是价值观念,又是行为准则,既体现了从业者对所做工作的敬与爱,又体现了从业者职业过程中的真与善;把敬业从职业态度和精神状态推而广之,就成为对祖国伟大事业的精神情怀和热爱之情,敬业因此也就成为价值观内化和外化的桥梁和连接点。

“诚信”,就是诚实守信,其要求是“内诚于心、外守于信”,强调的是正心诚意、守仁行义、诚恳待人、信守承诺、表里如一、相互信任。诚信这个词,由意义相通的两个字“诚”与“信”复合组成,其中的“诚”,意为“真实无伪、恭敬审慎”,它是道德的根本、人间的常道;其中的“信”,意为“言出必行、行责自担”,它是立身的原则、兴业的保证。诚信既是人类社会古往今来普遍认同的价值观念，更是社会主义道德建设的重点内容。

社会主义核心价值观强调的诚信，内在地包含三重价值内涵。第一，诚信是社会主义公民必备的内在素养。生活于社会中的人，必然受法律和道德两种规范所调控，任何一个人都必须具备遵守和运用这两种规范的能力，也就是具有法律素养和道德素养，诚信就是道德素养的基本组成。“养心莫善于诚”，诚信不是一种简单的他律法则，而是每个个体人格、心理和德性的全面提升。有了诚信素养，人的能力、智慧、正直、善良之心就能得以持久维护，从而具有了在社会中存在的依据和发展的空间。第二，诚信是社会主义社会应有的交往理念。诚信是人际交往和社会合作的道德要求，更是保障交往中所有成员自尊和尊严的伦理基础。当我们被评价为诚实守信时，我们因这种肯定性评价而获得了作为人际交往主体的自尊；反之，当我们被人评价为不诚实、不守信时，我们就会因这种否定性评价而丧失了作为人际交往主体的基本尊严。因此，如果每个人都不沉迷于“利”的诱惑而坚守诚信原则，在一定意义上讲就是对自我和他人生命尊严的尊重。在制度设计和道德建设时倡导和践行诚信的价值观，可以最大限度地尊重社会公民作为主体性的道德尊严，有助于建构互尊互重的交往模式。第三，诚信是社会主义国家当然的文明表征。社会主义的文明是经济文明、政治文明、社会文明、文化文明和生态文明五位一体的文明，这五个文明中的任何一个都以诚信为根本保障和基本表征：在经济领域，因为诚信，以义生利的善治伦理将成为人们普遍遵守的规则，企业将普遍肩负起社会责任，制假造假和坑蒙拐骗将失去市场；在政治领域，因为诚信，人民当家作主的地位和管理国家事务的权利切实得到保障，各阶级和各利益群体的利益诉求都能合法地得到表达，并在程序正义前提下形成合理共识，在社会领域，因为诚信，社会服务体系和社会保障体系将日益完善，公共服务会更加均等；在文化领域，因为诚信，建立起一种更加真诚和更讲尊重的文化、一种更加奋进和愈发包容的文化；在生态领域，因为诚信，人与自然将变得更为和谐，资源节约型和环境友好型社会将更快实现。

“友善”，是指朋友之间的亲近和睦、友好而不欺诈。古希腊哲学家亚里士多德把友爱分为三种，即善的友爱、快乐的友爱、有用的友爱，这三种友爱中，善的友爱稳定持久，最值得人们追求，善的友爱就是友善 。友善表现的是人的文明素养、折射的是人的善良人性，体现的是对爱的意义的认同和对善的价值的追求。

社会主义核心价值观强调的友善，内在地包含三重价值内涵。第一，友善是反映了社会主义公民伦理关系和社会公民秩序的价值观念。我国古人主张的以“仁者爱人”为基础的友善、亚里士多德主张的“善的友爱”的友善，从熟人社会的意义上讲，都是一种朋友的道德规范友善作为社会主义核心价值观之一，“是对人类以往友善理念的继承和发展,是社会主义条件下处理人际关系的基本价值准则”,无论是“谦敬礼让、帮扶互助”,也无论是“志同道合、携手奋进”,抑或是“珍惜资源、关爱自然”,这些要求都直接反映着友善作为公民伦理关系和社会公民秩序的属性。第二,友善是有着社会主义物质和制度保障的价值观念。“仓廪实而知礼节,衣食足而知荣辱”,强调的是物质条件和文明程度的同步性,而社会主义制度的进一步完善,能够更好地促进共同富裕,更好地改善就业、医疗、住房、养老等国计民生问题,从而确保社会既充满活力又和谐有序,包括友善在内的价值观念就能更好地生发;社会主义制度下的以德治国和依法治国,能够更好地做到惩恶与扬善并举,因而也更能够在全社会营造风清气正、善有善报、恶有恶报的崇德向善氛围,从而使包括友善在内的价值观念具有了更好的滋养土壤。第三,友善是有着多层次意蕴的价值观念。在处理人与他人、人与社会、人与自然的关系中都应该遵循友善的原则,也就是以爱的态度对待他人、社会和自然,既做到在社会生活中礼让谦敬、帮扶互助,以追求朋友的善良和睦,又做到在共同理想上志同道合、同心同德,以追求国民的友爱和谐,还做到在国际交往时求同存异、相互尊重,以追求世界的仁爱和平,更做到在经济发展时尊重自然、保护环境,以追求人类的永续进步。

社会主义核心价值观在价值目标、价值导向和价值准则三个方面的倡导,相互依存、相互关照、相互影响,既彰显了社会主义的终极价值追求,又体现了中华文化的民族特色,是一个联系紧密、逻辑严密的科学体系。

三、社会主义核心价值观教育

加强社会主义核心价值观教育,对于处于执政地位的中国共产党而言,也是加强党员干部思想教育的重要措施,有助于纯洁党员的作风、遏制党员的腐败,防范非马克思主义思想和反马克思主义思想的侵蚀,这样就有助于通过党员个体的教育促进政党整体的建设,从而有助于党的领导、改进国家的管理,从制度上保证社会主义意识形态的安全。意识形态与政治状况相互影响——处于安全状态的意识形态有助于促进社会政治局面的进一步稳定,而国家政治的稳定状况也对主流意识形态的作用效果有着直接的影响。

加强社会主义核心价值观教育,有助于促进经济建设的健康发展,这是维护社会主义中国意识形态安全的物质保证。社会主义意识形态安全的维护,必须坚持社会主义的性质和方向,而“社会主义的首要任务是发展生产力,逐步提高人民的物质和文化生活水平”。只有社会主义经济基础强大了,社会主义制度的优越性得以充分体现,社会主义意识形态才有说服力、影响力和感召力,社会主义意识形态安全的维护才会有根本的物质保障,否则,国家一穷二白、民众生计艰难、社会动荡不安,一定会给占主导地位的意识形态带来严重的信任危机,从而给意识形态安全带来严重冲击。社会主义意识形态所依赖的经济制度的良好建设成果在人民群众中产生的说服力、影响力和感召力，就是社会凝聚力，这种凝聚力在一定意义上讲也是一种生产力，能够进一步促进经济建设的健康发展。也就是说，通过社会主义核心价值观教育，通过价值目标的进一步明确、价值导向的进一步强化、价值准则的进一步强调，充分发挥出社会主义核心价值观的整合与引领作用，以社会主义核心价值观目的的明确性、作用的主导性、指向的鲜明性和方式的多样性统一社会思想、克服负面影响、形成向上合力，从而更好地发挥出作为经济建设主体的各利益群体和各社会阶层的能动作用，创造出更为雄厚的社会财富，为维护意识形态安全提供强大的物质保证。

加强社会主义核心价值观教育，有助于推进社会文化的推陈出新，这是维护社会主义中国意识形态安全的有效载体。文化对于一个民族、一个国家有着极其重要的作用和意义，“对内而言，它渗透于社会生活的各个方面，影响着人们的精神世界和行为方式，成为一个国家民族生命力、创造力和凝聚力的重要源泉；对外而言，它以其独特的扩散性和渗透性吸引别国追随或认同其价值观念，从而构成综合国力竞争的关键因素”。意识形态就其自身而言，就是一种文化，而就其功能而言，它又对文化起到指导和支配作用，不妨这样认为：它是一种隐身于诸多显性文化形式背后的“大文化”，文化则是意识形态的有效载体。正因为如此，当今世界西方发达资本主义国家才会在全球化的进程中通过大肆贩卖文化产品的方式，进行文化侵略和意识形态渗透，所以，以文化创新来抵御文化入侵，是维护意识形态安全的必需举措，意识形态安全问题必然成为文化建设的中心内容。推进文化创新的前提是加强文化自信，坚持以社会主义核心价值观为主导，壮大社会主义主流文化。在这个过程中，通过宣传和强化国家层面、社会层面和个人层面的价值要求和价值原则，可以确保社会主义文化发展的根本方向、展现出社会主义道德的价值光辉、提升社会主义文化的导向性和感召力，并且最终通过文化创新形成延续性与发展性兼具的文化繁荣格局。

第三节 基于核心价值观教育的思想政治理论课建设

课堂教学是思想政治理论课中强化社会主义核心价值观教育的主渠道，从教学内容、教学方法、考核方式等方面进行优化和完善，充分发挥课堂的主阵地作用，教学内容是指“学校为学生安排的并要求学生掌握的知识技能、思想观点和行为习惯的总和。它是构成教学过程不可缺少的基本因素，也是师生进行教学、实现教学目的的基本材料和依据"①,因而将课堂教学作为一个过程进行全面分析是必要的。

一、强化思想政治理论课的整体性

社会主义核心价值观和社会主义核心价值体系虽然在实现方法和实现路径上有所不同,但它们具有相同的"核心价值"、同一的价值功能:社会主义核心价值观以社会主义核心价值体系为根本的思想基础和基本的理论生发点,社会主义核心价值观的培育和形成有赖于社会主义核心价值体系的认同和践行,所以,在思想政治理论课教育教学中强化社会主义核心价值观教育,应该也必须以社会主义核心价值体系教育为基础和路径。

现有的一些研究认为,在高校现有的思想政治理论课中,《马克思主义基本原理概论》(以下简称《原理》)、《毛泽东思想和中国特色社会主义理论体系概论》(以下简称《概论》)、《中国近现代史纲要》(以下简称《纲要》)和《思想道德修养与法律基础》(以下简称《基础》)分别对应了社会主义核心价值体系的四个基本内容——《原理》课就是对大学生进行马克思主义指导思想教育的主阵地,通过这门课程的教育教学可以在一定程度上抑制各种非马克思主义或者反马克思主义的思潮在大学生中蔓延与滋长,从而保证马克思主义在大学生中的主流意识形态地位,确保大学生的观念趋向科学的发展方向;《概论》课就是对大学生进行中国特色社会主义共同理想教育的主阵地,通过这门课程的教育教学可以让大学生在解答思想上和生活中的实际问题的过程中牢固树立共同理想,从而坚定他们在党的领导下走中国特色社会主义道路的理想信念;《纲要》课就是对大学生进行民族精神和时代精神教育的主阵地,通过这门课程的教育教学可以让大学生更好地了解国史和国情,从而更加深刻地理解中国选择马克思主义、选择中国共产党、选择社会主义道路的历史必然性,并且更加坚定地树立民族自尊心、自信心和自豪感,自觉地投身于改革创新的社会实践中去;《基础》课就是对大学生进行中国特色社会主义共同理想教育的主阵地,通过这门课程的教育教学可以帮助学生提高思想道德素质,增强社会主义法治观念,解决成长成才过程中遇到的实际问题,从而为大学生加强自身修养、锤炼优良品德指明了方向,最有助于大学生选择正确的成才之路,做到德才兼备,全面发展。

以上所述的观点表明了四门课程各自的侧重,同时也在一定程度上反映了这四门课程在强化社会主义核心价值体系教育过程中的教学要求和教育规律,因而

① 沈义良、张永祥:《教育学教程》,武汉理工大学出版社,2001,第163页。

有其合理之处。但是,如果从整体性的角度去分析,就会发现这种单纯强调某一门课程在社会主义核心价值体系某一项内容中的教育作用的观点,至少存在着三个问题:一方面,对于社会主义核心价值体系教育而言,这是一种简单化处理,其结果很可能是教育的肤浅化;另一方面,对于思想政治理论课而言,这是一种机械性思维,其结果必然是割裂了各门课程的联系;再一方面,对于高校已经广泛开设的《形势与政策》课而言,这是一种歧视性观点,其结果必然是忽视了《形势与政策》课在社会主义核心价值体系教育中的作用。为更好地发挥思想政治理论课在社会主义核心价值体系教育中的主导作用,有必要从整体上规划包括《形势与政策》课在内的五门课程的教学内容,形成合力,以获得更好的教育效果。

第一,以坚定马克思主义信仰为根本目标,整合五门课程的教学内容,强化社会主义核心价值体系中关于指导思想的教育。“对马克思主义的信仰,是中国革命胜利的一种精神动力”①,更是中国社会主义建设取得伟大成就的精神动力,增强大学生对马克思主义的认同感、用马克思主义占领高校意识形态阵地,是在思想政治理论课中强化社会主义核心价值体系教育的根本目标。因此,必须重视马克思主义在思想政治理论课教学中的统领作用,特别强调马克思主义指导思想这一社会主义核心价值体系的灵魂。

在《原理》课的教学中,应引导学生从整体上把握马克思主义的科学内容和精神实质,其教学内容的重点应该集中于“何为马克思主义、为什么要始终坚持马克思主义在中国社会意识形态领域的指导地位、为什么不能搞指导思想的多元化、马克思主义如何发展”等基本理论问题,帮助学生树立唯物主义世界观、掌握马克思主义方法论。在《概论》课的教学中,应从马克思主义基本原理与中国革命、建设和改革的具体实践相结合的角度进行马克思主义教育,其教学内容的重点应该集中于“何为马克思主义中国化、马克思主义中国化的必要性与重要性、何为中国化的马克思主义、毛泽东思想和中国特色社会主义理论体系的历史意义和现实作用”,使大学生了解马克思主义在中国的发展,更好地理解马克思主义中国化与中华民族伟大复兴的关系。在《纲要》课的教学中,应从历史演进的角度对学生进行马克思主义教育,其教学内容的重点应该集中于“中国人民为什么选择和怎样选择了马克思主义”,通过史实解读,分析马克思主义在中国得以广泛传播并取得举世瞩目的内在逻辑,使大学生认识到中国选择马克思主义的历史必然性和人民认同性。在《基础》课的教学中,应综合运用马克思主义的基本立场和主要方法,从理论的实践应用的角度对学生进行马克思主义教育,其教学内容的重点应该集中于

① 《邓小平文选》第三卷,人民出版社,1993,第63页。

“马克思主义世界观、人生观、价值观、道德观和法治观教育，马克思主义在意识形态领域一元地位教育”，帮助学生进一步了解马克思主义意识形态理论，学会运用马克思主义的观点和方法分析意识形态领域中的复杂现象，引导学生在成长过程中始终坚持正确的政治方向，更加坚定马克思主义信仰。在《形势与政策》课的教学中，应充分发挥课程学科交叉、知识融合的特点，在主流意识形态的范围内进行基本国情教育、国内外形势分析、党和国家方针政策解读，教会学生在分析国内外形势时自觉运用马克思主义的立场和方法，帮助他们树立马克思主义的世界观、人生观和价值观。

第二，以增强对中国特色社会主义的认同为教学主题，整合五门课程的教学内容，强化社会主义核心价值体系中关于共同理想的教育。中国特色社会主义既是一种现实选择，又是一种理想信念，在实现中华民族伟大复兴的进程中起着凝聚力量的重要作用，认同中国特色社会主义，是理论自信、制度自信、道路自信和文化自信的基础，因而也是在思想政治理论课中强化社会主义核心价值体系教育的核心。因此，必须确保中国特色社会主义在思想政治理论课教学中的核心地位，始终维护中国特色社会主义共同理想这一社会主义核心价值体系的主题。

在《原理》课的教学中，应突出科学社会主义理论教育，其教学内容的重点应该集中于科学社会主义的理论讲授，使学生全面掌握理论体系、把握社会发展规律，能够运用科学社会主义理论初步分析和解答我国社会主义革命和建设、改革和发展中的重大理论课题和现实问题，同时充分认识到中国共产党伟大成就的取得正是基于科学社会主义理论与中国实际的结合。在《概论》课的教学中，应从发展的科学社会主义这一角度突出中国特色社会主义理论体系教育，引导学生认清中国特色社会主义道路的内涵，把握中国特色社会主义理论体系的结构，通过成体系的课堂教学，帮助学生深刻认识改革开放以来我国伟大成就取得的根本原因就在于中国特色社会主义理论体系的形成和实践。在《纲要》课的教学中，应寓教于史，引导学生在把握近代中国求独立、争解放的历史主线时，深刻领会历史和人民选择社会主义道路的合理性，更加明确“只有社会主义才能救中国，只有中国特色社会主义才能发展中国”的道理，从历史分析的角度坚定中国特色社会主义的共同理想。在《基础》课的教学中，应以突出理想教育的重要性为主要任务，注重教育与自我教育、理论教学与社会实践的结合，注重理论教育与情感陶冶、生活体验的结合，通过对现实的细致分析，引导学生正确理解社会主义共同理想的科学性与价值性，科学看待社会经济成分的新变化，并且正确对待社会组织形式、就业方式和分配方式的新发展，自觉把个人理想的实现融入社会理想的实现之中。在《形势与政策》课的教学中，应选择党的重大理论、国家的重大方针政策、反映我国社会主义建设伟大成就的热点问题、与学生切身利益相关的难点问题等内容进行讲授，使学生既感知到中国特色社会主义事业面临的困难，又体会到中国社会主义事业具有的活力，引导学生将个人发展与国家、民族的利益结合起来，进一步强化社会主义的理想信念，树立为社会主义的共同理想而奋斗的信心和决心，增强投身社会主义建设的历史使命感。

第三，以爱国情怀、改革精神和创新能力的培养为教学主线，整合五门课程的教学内容，强化社会主义核心价值体系中关于民族精神和时代精神的教育。以爱国主义为核心的团结统一、爱好和平、勤劳勇敢、自强不息的伟大民族精神是中华民族最本质、最集中的文化体现，勇于改革、敢于创新的时代精神是当代中国最生动、最确切的精神写照，它们是当下中国“广泛凝聚中华民族一切智慧和力量，团结一切可以团结的力量，万众一心为实现中华民族伟大复兴而奋斗”的重要精神力量。因此，必须巩固精神动力的培养在思想政治理论课的教学中的关键地位，牢固把握民族精神和时代精神这一社会主义核心价值体系的精髓。

在《原理》课的教学中，应突出基本理论教育，运用马克思主义的民族观和时代观帮助学生理解和掌握民族精神和时代精神的理论渊源，运用马克思主义的方法论和价值观引导学生懂得底蕴深厚的民族精神和与时俱进的时代精神是中华民族自立于世界民族之林的基础和保障。在《概论》课的教学中，应以民族精神和时代精神在中国特色社会主义建设中的作用为中心组织教学内容，从民族精神是中华儿女共同的价值取向、时代精神是当代中国的精神动力这两个方面，引导学生理解民族精神和时代精神在中国特色社会主义理论形成与发展中的地位，增强学生的民族自信心和时代自豪感。在《纲要》课的教学中，应始终围绕着“民族精神和时代精神是中国近现代历史的主脉”，从中国历史演进的角度整合教学内容，通过细致梳理中国人民寻求民族独立、探求社会现代化之路的历史脉络，详细论证中国共产党领导人民取得革命胜利和社会主义建设成就的必然性，帮助大学生深刻认识民族精神和时代精神的丰富内涵与巨大力量。在《基础》课的教学中，应将爱国主义教育与人生观教育结合起来组织教学内容，从爱国主义的科学内涵和时代价值、改革创新的理论品质和现实意义等方面作理论讲授，并引导学生在时代进步和社会发展中汲取营养，更好地继承爱国传统和弘扬民族精神，更好地认同改革开放和提升创新素养，在中国特色社会主义事业的伟大实践中，始终保持艰苦奋斗的作风和昂扬向上的精神状态。在《形势与政策》课的教学中，应及时把握时代脉搏、紧跟时代步伐，用最新的资料反映最新的情况，通过对现实问题的分析对学生进行民族精神和时代精神的教育，让学生体会到不断创新所带来的伟大成就等。

第四，以规范内化并外显、习惯养成并保持为现实目标，整合五门课程的教学内容，强化社会主义核心价值体系中关于社会主义荣辱观的教育。社会主义荣辱观是中华民族传统美德与时代精神的完美结合，体现着爱国主义、社会主义和集体

强”“民主”“文明”“和谐”等价值原则的马克思主义本质属性和社会主义价值意蕴，教育和引导学生认识到中国走社会主义发展道路的历史必然性，树立起中国特色社会主义的共同理想，做社会主义事业的合格建设者和可靠接班人。第三，在《纲要》课的教育教学中，突出马克思主义指导下的“自由”“民主”“富强”“爱国”等价值原则的教育，重点在于使学生全面了解社会主义核心价值观倡导的这些价值目标所具备的民族特质和中国烙印，通过讲解中国近现代历史的发展、讲解中华民族反抗外来侵略争取民族复兴的进程，讲明中国近现代历史和基本国情，讲明“自由”“民主”“富强”“爱国”等价值原则与国家独立、民族振兴和人民幸福的历史联系，教育和引导学生增强对民族精神和时代精神的认同感，树立起民族自信心和自豪感，积极投身于改革创新、振兴中华的历史进程之中。第四，在《基础》课的教育教学中，突出马克思主义指导下的“爱国”“敬业”“诚信”“友善”“法治”等价值原则的教育，重点在于使学生自觉运用社会主义核心价值观倡导的这些价值原则不断提升个人综合素质，通过世界观、人生观和价值观教育，通过爱国主义、集体主义和社会主义教育，通过道德观和法治观教育，引导大学生成为自觉践行爱国守法、明礼诚信、团结友善、敬业奉献的公民基本道德规范，遵守国家法律法规的模范。第五，在《形势与政策》课的教育教学中，突出马克思主义指导下的“富强”“民主”“和谐”“爱国”等价值原则的教育，重点在于使学生清楚认识社会主义核心价值观倡导的这些价值原则在新时代中国特色社会主义前进道路中的体现，这是一门理论武装时效性、释疑解惑针对性、教育引导综合性都很强的课程，重点讲授党的理论创新最新成果、新时代坚持和发展中国特色社会主义的生动实践，第一时间推动党的理论创新成果进教材、进课堂、进学生头脑，引导学生正确认识世界和中国发展大势，正确认识中国特色和国际比较，准确理解党的基本理论、基本路线、基本方略，正确认识时代责任和历史使命，厚植爱国情怀，明晰时代责任，牢固树立“四个意识”，坚定“四个自信”，坚决做到“两个维护”，成长为担当民族复兴大任的时代新人，将自我发展融入时代发展潮流，将人生理想的实现和脚踏实地的工作有机融合。

二、教学方式改进

在教学中，教师为保证学生更好地掌握方法、获取知识、提高能力，通常会采用一定的教学手段组织教学活动，这种在特定教学原则指导下为达到教学目的、传授教学内容而进行的师生互动的综合性活动，就是教学方式。在思想政治理论课教学中强化社会主义核心价值观教育，教学方式同教学内容一样，都是充分必要的保障条件，好的教学方式对于提高社会主义核心价值观教育的效率，增强学生对于社会主义核心价值观的认知度、认同感和践行度，有着重要的促进作用。

(一)树立以学生为主体的教学理念

主体性是人作为社会活动主体而具有的本质属性,表现为认知的自主性、行为的主动性及实践的创造性。社会主义核心价值观教育作为一项意识形态教育活动,直接目的在于增强认同感、提高践行度,认同和践行的基础在于自主选择,这就与人的主体性密不可分。因此,在思想政治理论课教学中强化社会主义核心价值观教育,必须充分重视调动和发挥学生的主体性——主体性教学的理念正好切合了这种要求,其基本要义是"在重视发挥教师主导作用的基础上,突出强调学生的主体地位,要求做到教学以依靠学生这个主体为基础、教育以启发学生这个主体为主线"①。主体性教学的价值意义在于激发和培养大学生的主体性,引导大学生主动接受教育、帮助大学生进行自我教育,从而起到增强大学生的主体意识、培育大学生的主体精神、塑造大学生的主体人格的作用。同时,大学生在接受社会主义核心价值观教育时,也总会有自己的需要与判断,他们并不完全处于被动地位,而是具有一定的能动性和自主性,主体性教学的目的与学生接受教育的特点之间的这种高度切合性说明,在思想政治理论课中强化社会主义核心价值观教育,应该树立主体性教学理念,这是培养学生的主体精神的需要。同时,在教学过程中树立主体性教学理念还有利于消解事实上存在的教与学的矛盾,促进教师的教与学生的学有机结合,从而不断提高社会主义核心价值观教育的实效性。在进行社会主义核心价值观教育时,教师在教学活动中有意识地改变传统的灌输型的教学模式而实施主体性教学,充分地调动学生的主观能动性,有利于营造出师生平等、教学相长的课堂环境,形成老师与学生之间、学生与学生之间有效的思想交流和互动,这种教学情境下自然就会形成教与学的和谐,既能有效地避免社会主义核心价值观教育智育化,又能有效避免社会主义核心价值观教育形式化,真正收到教育的实效。

在思想政治理论课中强化社会主义核心价值观教育时树立主体性教学理念,需要教师树立双主体教学观念、双对等课堂观念及双导向价值观念。双主体教学观念,指的是在教学过程中,教师处于教的主体地位而发挥主导作用,学生处于学的主体地位而发挥能动作用,这样既能够发挥学生的主体性和创造性,又能够保证学生的主体性和创造性的正确方向,从而使社会主义核心价值观教育教学充满活力与生机。双对等课堂观念,指的是在进行社会主义核心价值观教育时,教育教学过程中的学生与教师在人格尊严上地位对等、在知识交流中信息对等:师生之间在人格尊严上的地位对等,有助于构建民主、和谐的新型师生关系,学生才会有主体

① 王双群:《社会主义核心价值观融入思想政治理论课的教学方式研究》,《学校党建与思想教育》2014年第7期。

参与的情感基础;师生之间在知识交流中信息对等,有助于形成互动、碰撞的学术讨论氛围,学生才敢有亮出不同资料、提出不同见解的学术勇气。双导向价值观念,指的是在教学中既不能片面强调教育的社会价值而忽略教育对于个人的意义,又不能一味迁就学生甚至取悦学生而弱化教育的社会价值,而应该深刻理解社会价值和个人价值的一致性,将国家、社会等宏大叙事与个人、生活等微观世界结合起来,在强调社会价值的同时又强调个人价值,从而促进学生与社会、学生个体的和谐发展。

双主体教学观念、双对等课堂观念、双导向价值观念作为主体性教学理念的具体表现,可以通过互动启发式教学法、问题研讨式教学法、开放式教学法等多种具体的教学方法加以实现,这些教学方法能够从不同的角度强调学生在学习中的主体地位,从而有助于更好地发挥学生的主观能动性。对于通过思想政治理论课以强化社会主义核心价值观教育而言,学生具有了学习的主观能动性,就形成了认知的前提,进而就会形成认同和践行的基础。

第一,互动启发式教学法在社会主义核心价值观教育中的运用。与互动启发式教学法相对应的是传统的单向灌输式教学法,这种教学方法注重的是知识性内容的传授。社会主义核心价值观教育虽然也传授必要的价值观方面的知识,但其更主要的任务在于通过有效的启发式教育,引导受教育者形成符合主流意识形态要求的思想观念。对于任何个体而言,观念的确立、思想的生成乃至信仰的坚定,决不能只依靠简单的知识传授与理论灌输,而更需要个体的能动认同和主动践行。所以,在思想政治理论课教学中强化社会主义核心价值观教育,需要变单向灌输式教学为互动启发式教学,具体说来,应该做到如下几个契合:教育目的与主体性地位的契合——灌输式教学法不适合社会主义核心价值观教育,但“灌输”一定是社会主义核心价值观教育的目的,引导学生更好地学习和践行社会主义核心价值观,需要在运用启发式教学法时,把学生作为教与学的中心,真正尊重学生的主体地位,唤起学生的参与意愿和互动热情;教学内容与学生现状的契合——社会主义核心价值观不是机械的价值条目,而是基于社会实践的具体价值追求,引导学生认同和践行社会主义核心价值观,要充分注重社会主义核心价值观教育的教学内容,能够联系学生生活实际、关照学生的利益诉求、考虑学生的接受能力,从而更好地引导学生完成对社会主义核心价值观的内化;教学时机与教学内容、教学方法的契合——个体对于理论的认知认同有客观的内在规律,有针对性的教育从效果上看一定会比不考虑特殊性的泛化教育要好得多,因此,在思想政治理论课中强化社会主义核心价值观教育,就一定要注意选择合适的时机、运用好的方法、教授特定的教学内容。

第二,问题研讨式教学法在社会主义核心价值观教育中的运用。在传统的思想政治理论课教学思维中，强调教师讲授内容的绝对权威，对许多理论问题不容学生质疑，对这些内容采用演绎说教的方式进行教学，这种权威结论式教学法的背后是对学生认识能力和分析能力的不信任，甚至是怀疑，这种教学方法不利于学生的主体性的张扬，阻碍了学生理论探究的兴趣发挥。而问题研讨式教学法以问题为中心完成相关教学内容，突出了教学的主体性和互动性，在探究中厘清理论认识、在讨论中解决深层次问题、在论辩中形成正确的认识，最终目的在于深化受教育者的理论认知。在思想政治理论课中强化社会主义核心价值观教育，变权威结论式教学法为问题研讨式教学法，教师既要重视对学生进行权威性知识的传授，也就是引导学生掌握符合主流意识形态要求的知识，也要重视教学过程中学生反馈给教师的信息，特别是那些在信息网络化现实背景下学生知晓而教师不知的信息，从而实现师生之间在知识交流中的信息对等，唯有如此，学生与教师才能在同一个平台上对视与对话，社会主义核心价值观教育才能取得好的效果。

第三，开放式教学法在社会主义核心价值观教育中的运用。与开放式教学法相对的是封闭式教学法，这种教学方法在教学观念、教学时间、教学空间、教学内容、教学形式、教学过程、教学评价等方面封闭保守，在当下开放的社会环境下，封闭式教学会严重妨碍学生创新思维的培养和主体精神的塑造，运用这种方法进行社会主义核心价值观教育不利于提高学生的认同度。开放式教学法正好与封闭式教学法相反，这种教学方式在指导思想上注重学生的能力培养和思想形成，在教学时空上讲求由课堂向课堂前后辐射，在教学内容上增加实践性内容，在教学形式上注意采用引导学生自主学习和主动探求的多种模式，运用这种方式进行社会主义核心价值观教育，有利于增强学生的感受体验、提高他们的学习兴趣，也有利于传授给学生大量鲜活的知识和现实的信息，提高他们的知识运用能力，还有利于激发学生的主体意识、挖掘他们的内在潜能，更有利于引导学生自主学习，激发他们主动探求的欲望。具体说来，最为基本的做法是，在思想政治理论课的教学中，以社会主义核心价值观教育为根本目的，着眼于社会的发展和学生的专业特点，既注意帮助学生掌握社会主义核心价值观的知识性内容，又注意提高他们运用社会主义核心价值观进行现实思考和分析的能力，既注重课堂上的教育，又注重课堂外的强化，既以教材内容为基础，又灵活增加培育和践行社会主义核心价值观的实践性内容，既做好课堂讲授这一基本功课，又灵活采用诸如课堂辩论、学生讲解、社会调研、情景模拟、游戏体验等多种教学方式，从而调动起学生对于社会主义核心价值观的持续性的学习兴趣，生成深化探究和主动践行社会主义核心价值观的不竭动力，促使学生形成符合社会主义核心价值观要求的世界观、人生观和价值观。

(二)运用研究性教学方式

关于研究性教学的概念和内涵,学界已从多个角度进行过细致的解读,由于本部分探讨的重点是研究性教学方式的应用,所以,对于研究性教学的理论分析不作过多的探讨,我们直接采信其中的一种阐释:研究性教学是指在教师指导下,学生自觉主动探索,依靠教材与广泛阅读,独立思考和研究,从而养成独立分析和解决问题的能力的教学方式。这种阐释表达的意思是,研究性教学是一种教学模式或教学方法,但它更是一种教学理念,作为教学理念的研究性教学,既重视学生学习兴趣的调动,又力求提高学生分析和解决问题的能力,既重视学生对于学科知识的系统掌握,又希望培养学生的实践能力和创新精神。作为教学模式的研究性教学,既重视发挥教师主导作用,又重视发挥学生主体作用,要求教师根据课堂教学的具体内容和学生认知的实际水平,适时适度地引导学生参与到课堂教学中来,启发学生运用所学的知识,通过积极的思考、主动的探究去发现和掌握新知识,从而提高分析问题和解决问题的能力。

研究性教学的最终目的在于培养学生分析问题和解决问题的能力,要实现这个目的,就需要从根本上改变教学过程中对学生的传统定位,不能再把学生看成是简单的教学对象、看成知识的被动接受者,而应把学生视为教学的积极参与主体和知识的主动建构者。也就是说,在应用研究性教学方式时,把教与学的过程设定为一种研究的过程,教师的角色应当从知识的传播者和灌输者转变为引导学生探索和发现知识的组织者和指导者,而学生则应当成为学习的主人,在学习中主动探究、亲身体验,选择与课程内容相关的专题进行研究,在研究中获得知识和发展能力,并且在这个过程中逐步培养终身学习能力和批判性思维能力,为今后的发展打下坚实的基础。

以社会主义核心价值观为逻辑主线、以社会主义核心价值观教育为根本任务的思想政治理论课较之于其他课程,更加强调在形成正确思想的基础上树立坚定的立场,更加注重用理性的观点和科学方法去发现、分析和解决人生和社会的现实问题。所以,在高校思想政治理论课中强化社会主义核心价值观教育,更应当采用研究性教学方式来组织教学。我们以《概论》课为例,对这个问题进行简要的讨论。

在以中国化的马克思主义为核心内容的《概论》课中,重点强化社会主义核心价值观中"富强""民主""文明""和谐"等价值原则的教育,从而教育和引导学生认识中国走社会主义发展道路的历史必然性,树立起中国特色社会主义的共同理想,做社会主义事业的合格建设者和可靠接班人。在《概论》课教学中可以按照"夯实基础——设置课题——学生探究——师生互动——成果展示"的模式,适时适度地运用研究性教学方式,更好地唤醒学生自主学习的主体意识,引导学生学会理性地关注生活、关切社会。

在夯实基础环节,所要做的工作是帮助学生打牢必备的知识基础、教会学生基本的研究方法、引导学生树立初步的探究意识,这就要求在日常教学的每一个环节,用过程式而非结论式的方法讲解基础知识,以启发式而非灌输式的方法传递研究理念,既教知识又讲范式、既谈理论又讲方法、既强调认知又强调认同,使教学与研究之间建立起广泛而紧密的联系。首先,讲明讲透“马克思主义中国化”这一逻辑主线,通过中国社会主义革命和建设经验教训、中国共产党对社会主义本质认识不断升华的过程等实践性与理论性内容的讲授,使学生在探究中基本掌握本课程的知识性内容;其次,结合教材附录的“总阅读文献”和教师自己研究的积累,向学生介绍进一步深化所学理论的参考资料和文献,并且可以有针对性地挑选经典性的文本从研究的视角给学生进行适当的讲解,从而能够引导学生初步掌握研究和探讨问题的基本方法,引导学生基本了解和掌握学术论文或研究报告的写作范式。

在设置课题环节,所要做的工作是依据社会主义核心价值观教育的要求,通过教材体系向课程体系的有效转换丰富教学内容,在帮助学生打下一定的知识基础和研究基础的前提下,提出课题供学生研究,引导学生从较深层次理解理论。这里有两个方面需要特别注意,一方面是课题确定的方法,可以通过“面向学生征求课题——结合实际筛选课题——教师主导确定课题”的路径进行;另一方面是设置课题时应当遵循三个原则:一是紧扣主题,也就是课题既要与《概论》课程内容相衔接,又围绕社会主义核心价值观教育教学的中心内容和重点内容来展开,二是开放性好,也就是既做到课题的设置难度适当、可以让较多的学生参与,又做到课题的解决能够从多个角度进行、可以更全面地印证所学理论,三是学生欢迎,也就是课题具有时效性的同时也具有典型性,既能够引发学生的共鸣以提高参与的积极性,又能够启发学生的思维以形成普遍性的结论。

在学生探究环节,所要做的工作是组织和指导学生进行研究性学习,可以采用小组研究的方式进行。对学生进行分组,指定一名组长,负责布置研究任务;教师与组长共同商定阅读书目,确定文献搜集方案和分步研究方案;组长在课内课外组织学习、独立研究和充分讨论;小组的每位成员写出研究心得及主要结论,最后由组内有一定理论功底、文字能力的成员作为统稿人整合成论文或报告。研究性学习方式可调动学生积极性,既有助于发展学生的批判性思维,又有助于提高学生的学习能力、增强学生的合作意识。

在师生互动环节,所要做的工作是教师与学生充分交流,对初步形成的研究结论作必要的修改和完善,帮助学生进一步提高整体水平。教师在认真阅读学生论文或研究报告初稿后,了解学生取得的成果、存在的不足,归结出带有共性的问题,通过与统稿人进行沟通或者指导各小组集体讨论的方式介入学生学习。这样既能激发学生探究的热情，又能把握学生研究的方向，马克思主义的立场和观点的显性教育又有助于进行正确的价值观和方法论的隐性教育，从而达到更好地引导学生运用所学理论进行深入有效研究的目的。特别需要指出的是，教师介入学生的研究性学习虽然十分必要。但是必须把握好适度性原则，也就是说要在适当的时机、用适合的方式进行适度的引导，不能过度干预。

在成果展示环节，所要做的工作是各小组把自己的学习成果进行展示，并对研究中出现的共性问题进一步进行分析。学生借助课件将其研究的思路、依据的理论和形成的结论进行介绍，教师和其他同学从展示中发现问题并就此进行质询和辩论，组织学生就质询和辩论的内容进行集中讨论，教师作总体点评并对研究成果中涉及的概念、理论、原则和范式作进一步讲解。教师此时的参与是研究性教学全程中非常重要的一个环节，既使学生通过呈现成果以体现学习与研究活动的主体性，又使课题通过集中讲解以达成现实共识，从而进一步巩固和加深学生对所学理论的认识和理解，强化社会主义核心价值观的教育效果。特别需要注意的是，在社会思潮多样化、价值取向多元化的今天，大学生思想行为的特点与以往相比已发生了很大的变化。在这种背景下，在学生研究性学习的成果中有一些错误的观点十分正常，而且从反向意义上看，这也正是我们乐于见到的现象，因为，这正体现出在高校思想政治理论课中强化社会主义核心价值观教育的现实价值。对学生提出的错误的观点，教师非但不能回避，反而要作深入的理论分析和系统的学术讲解，这就要求教师至少做到两点：一是立意高远，也就是教师基于对社会主义核心价值观科学内涵和理论实质的深刻把握，深层次地阐释重大社会问题和各种思潮的原因和本质；二是讲解务实，也就是以实事求是的科学态度，有逻辑、成体系地对学生研究性学习成果中的问题进行分析，讲解切合学生实际，评析力求准确全面。

三、考核方式革新

在课堂中进行了社会主义核心价值观教育之后，有必要通过考核对教学的效果进行检验，由于考核本身具有导向、鉴定、激励和反馈等功能，因此，教学之后的考核既可以进一步强化学生对知识的掌握，为践行社会主义核心价值观奠定更好的理论基础，又可以促进教师对教学的把握，对提升社会主义核心价值观教育的质量和效率起到重要的推进作用。

高校思想政治理论课现行的课程考核一般分为考试课和考查课两种。考试课的考核形式通常为统一组织的期末考试，试题设置有选择题、判断题、辨析题、简答题、论述题、材料分析题等题型，这是最为传统的考核方式。考查课的考核形式一般以任课教师随堂组织的结课考试加上课程论文或调查报告等为期末成绩的主要依据，其考核标准除了期末成绩外，还将平时的出勤、作业、小测验和小论文等指标纳入考核范围,这是一种改良了的传统考核方式。无论是考试还是考查,在形式和内容上至少存在以下五个方面的不足。

第一,以知识测验为主,能力考核的内容较少,素质评价的内容更少。无论是考试还是考查,现行的考核方式均以知识测验为重点,对学生能力的考核多是一带而过,而对于学生是否真正实现了社会主义意识形态所要求的思想、政治、道德、法律素质的提升,却是流于形式、办法不多。

第二,重视理论层面的考核,对于实践层面的考核却比较欠缺。对学生学习的引导侧重于"知",对于"行"则几乎没有一个成型的测评体系,与此相对应的,在考核环节只注重理论知识层面,忽视学生实践、行为层面的考核,这就势必出现学用分离、知行不一的情况,学生对知识和理论的掌握与理想信念、行为实践脱节。

第三,学生被动学习与考试,主体性没有得到很好的发挥。由于学校和教师把考试成绩作为评价学生学习效果的最为重要的甚至是唯一的指标,这就导致学生的学习单纯以考试过关为目标,于是,学习知识死记硬背、考试考核突击应对、考试作答生搬硬套等现象比比皆是,学生的学习只是为老师而动、为考试而动,学生对思想政治理论课的学习消极应付、兴趣不浓,这势必影响教育效果。

第四,考核以教师为主导,忽视了学生的自我教育。无论是考试还是考查,主要基于学校和教师的安排来进行,师生间形成的是考与被考关系,完全把学生作为被考核的对象,学生自评、学生间的互评等多维度、多方向的考核基本没有涉及,这就不利于从学生内在需要出发去调动其学习的主动性和积极性,也更谈不上促进学生自我教育,甚至还会在一定程度上引发学生的反感,引发师生对立,并最终对社会主义核心价值观教育的效果产生负面影响。

第五,仅注重课程的终结性考核,忽视了对学生的成长性和过程性的评价。由于教育理念和教学条件所限,当前的思想政治理论课的考核只重视学生的期末成绩,对学生平时的表现和进步考量得不够,在一定程度上忽视了教与学、评价与被评价过程中的情感交流和相互促进。这样的考核方式并不能够动态地反映学生思想政治素质和科学理论素养的实际情况,导致学生只重视最终的考试结果不重视平时的学习过程,只看重分数高低而不重视素质提升,从而加剧了学生对思想政治理论课的抵触情绪,这更不利于教育实效性的提高。

可以看出,在思想政治理论课现行的考核方式具有以下四个方面的不适应性。

第一,导向功能弱化。思想政治理论课程的考核,在一定程度上能够强化对学生确立理想目标的引导作用,这种功效就是考核的导向功能。具体来说,导向功能一般表现为,根据教学目标所制定的恰当的考核内容和标准可以对学生的学习目的、学习态度和学习方式的选择起到明确的引导作用。如前所述,当前的思想政治理论课偏向于理论知识层面的考核,忽视了学生品德、行为层面的考核,知行不一的现象比较普遍，于是，学生仅仅掌握了相关的知识但却没有必需的修养。同时，现有考核方式限制了学生自主能力的发展，失去了对学生学习和健康成长的指导意义。

第二，鉴定功能弱化。所谓鉴定功能，是指考核结果所具有的可以用来评判教与学的功效，也就是评判教师教学的效率如何、学生对此课程的学习是否合格、学习水平达到何种程度等。现有的考核方式由于自身的不足，导致其检测结果在相当程度上不能反映出真实状况：一方面，考核的个体成绩不能反映学生对知识掌握的情况，无法从考核结果中判断学生的理论水平，更不用说政治素质和思想品行；另一方面，考核的整体成绩不能反映出思想政治理论课教学水平，基于成绩得到的分析和反馈与现实不符，不能作为改进教学的主要依据。

第三，激励功能弱化。从一定意义上讲，有效的考试考核可以转变学生对于此课程的学习态度，引导学生将课业的压力转变为学习的动力，从而通过积极、主动的学习不断完善自己，这就是考核的激励功能。由于当前思想政治理论课的考核特别是闭卷笔试并没有完全将学生平时的学习状况纳入考核范围，这就使得现行的考核方式在激励功能方面大打折扣，考核成绩的区分度不高，使一些学生在他律弱化的情况下自律放松，在课程学习上要么一概不知，要么机械记忆，现行的考试考核方式没有完全激发学生的积极性和主动性。

第四，偏离教育目标。在思想政治理论课中强化社会主义核心价值观教育，目的在于引导学生形成符合主流意识形态要求的政治信仰、文化信念、思想观念和道德素养。这一目的是否能实现，自然需要在一个比较长的时间内由具体的成效去检验，但这个成效的最初的检验却在于课堂教学之后的考核。而目前的考核方式由于卷面考核的局限性和考分的简单量化性，并不能够反映出学生世界观、人生观和价值观的正确与否。从某种意义上讲，现行的考试考核方式在事实上存在考核目标低于教学目标的弊端，这就等于是降低了要求，从而一定程度上偏离了教育的目标。

这些不适应性之所以出现并存续了比较长的时间，有着多个方面的原因，其中既有教育体制方面的原因，又有教学观念方面的原因，还有操作层面的原因。在体制方面，着眼于大学生综合素质提升的教育体系还没有建立起来——高校现行的教学管理体系从制度设计到管理方式仍然处于应试教育的框架之中，对学生的考核重点偏向于理论知识掌握的情况，而非学生的创新精神等综合素质。对于一部分立志考研的学生来讲，学习思想政治理论课、接受社会主义核心价值观教育的目的在于以高的分数通过思想政治理论课全国统一考试，而对于另一部分不打算考研的学生而言，目的则仅在于以好的成绩通过这几门必修的课程而已。这种应试教育的形式已不能适应培养符合社会主义意识形态要求、具有创新能力的全面发展人才的时代要求。在观念方面,思想政治理论课的考核理念已经滞后于进行社会主义核心价值观教育的现实要求。如上所述的考核内容、考核效果等方面的问题,其产生的重要原因就在于考核理念的滞后,要么常规性地把思想政治理论课考核的执行作为一项教学任务,要么象征性地把思想政治理论课考核的改革作为一项教学创新,既没有充分重视考核本身所具备的教育功能,也没有合理设置多样化的考核形式,多数时候没有对学生在思想政治理论课学习和实践过程中的态度、情感和表现等更为重要的项目进行考核,淡化了社会主义核心价值观教育的终极目标。在操作层面,现有的考核管理方式方法不甚完善,没有充分发挥思想政治理论课任课教师的积极性,忽视了他们作为考核主体的重要作用。

第四节　以政治建警为导向的职业认同教育

习近平总书记于2017年5月19日在全国公安系统英雄模范立功集体表彰大会上对公安工作和公安队伍提出了“对党忠诚、服务人民、执法公正、纪律严明”的“四句话、十六字”总要求,明确了新形势下政治建警的指导思想、基本原则和目标方向。贯彻执行“总要求”,需要全体公安民警能切实认同“四句话、十六字”。公安民警对“总要求”的认同不仅是观念和意识的问题,更是公安队伍建设本身的问题。“四句话、十六字”总要求对应的认同是结构性的复合概念,“对党忠诚”对应的是“政治认同”,“服务人民”对应的是“宗旨认同”,“执法公正”对应的是“价值认同”,“纪律严明”对应的是“纪律认同”。公安民警对“总要求”的认同是公安民警在队伍建设中与“总要求”互动的产物,公安民警通过对“总要求”内涵要素的认知来理解执政党、服务宗旨、法治、纪律规范,形成对公安职业的高度认同。

一、对党忠诚的政治认同

人民警察是巩固共产党执政地位、维护国家长治久安、保障人民安居乐业、服务经济社会发展的忠诚卫士。“忠诚可靠”是人民警察的首要道德准则。公安院校是培养人民警官的摇篮,培养预备警官的忠诚信念,不仅关系到公安院校的人才培养质量,更关系到公安队伍建设以及公安机关在新世纪、新阶段担负的重大政治、社会责任的实现。公安院校思想政治理论课是忠诚教育的主渠道、主阵地,在全面加强高校思想政治教育的今天,如何认识公安院校思想政治理论课在忠诚教育中的作用,是实现课程教学定位的关键一环;如何在忠诚教育的视域下提升教学质量,是公安院校思想政治理论课提升实效性的重中之重。

公安院校承担着培养公安战线合格人才的重任,这就要求广大预备警员在校期间要牢固树立“忠于党、忠于国家、忠于人民、忠于法律”的忠诚信念,为未来向忠诚行为转化奠定思想基础。

忠诚，按照《现代汉语词典》的解释，是指对国家、人民、事业、领导、朋友等尽心尽力。人民警察的忠诚包括两个方面，一方面是对党、国家、人民、法律尊重、崇敬的政治忠诚，另一方面是对上级权力主体服从尽责的职业忠诚。公安院校开展以忠诚教育为核心的思想政治教育，是以马克思列宁主义为指导，以“忠于党、忠于国家、忠于人民、忠于法律”为核心内容，以培育对党忠诚、服务人民、执法公正、纪律严明的公安人才为目的的教育教学活动。通过有目的、有计划、有组织地对学生实施系统的具有忠诚影响的活动，提高预备警官对忠诚原则、忠诚内容以及忠诚精神实质的理解和把握，帮助他们树立以忠诚为核心的人生观、世界观、价值观，努力将忠诚融入预备警官的思想意识，从而转变到自觉行动上来。

思想政治理论课作为大学生思想政治教育的主渠道、主阵地，在公安院校也成为以忠诚教育为核心的思想政治教育工作的主渠道、主阵地，对广大预备警官进行忠诚教育是公安院校思想政治理论课的内生要求。

忠诚教育是包括理想信念、意识形态、政治思想、世界观、人生观、价值观在内的系统的道德思想体系教育，充分的理论学习成为这种教育的基础。公安院校思想政治理论课通过系统介绍马克思主义基本观点、基本立场、基本方法，宏观论述中国特色社会主义理论体系，对预备警员进行以“忠于党，忠于国家，忠于人民，忠于法律”为核心内容的忠诚教育，帮助广大学员坚定政治方向、站稳政治立场、提升政治鉴别力，为忠诚教育提供强有力的理论支撑，为忠诚教育夯实深厚的理论基础。

“忠于党”是教育预备警员坚决捍卫中国共产党的领导权威，坚决拥护中国共产党领导的建设中国特色社会主义事业，与党中央保持高度一致，组织上服从党的领导，行动上维护党的权威。“忠于党”体现着公安队伍的政治本色。思想政治理论课通过讲述党领导的新民主主义革命实践、社会主义革命实践、社会主义建设实践，明确党的性质、党的宗旨、党的指导思想、党的组织、党的任务，尤其突出中国共产党在领导革命和建设过程中的历史先进性，从而得出“中国共产党的执政地位是历史和人民的选择”的结论，为“对党忠诚”的信念提供强有力的理论支撑。

“忠于国家”是教育预备警员树立“国家荣誉、利益高于一切”的信念，将警务工作与维护国家的荣誉、利益紧密相连。警察随国家的产生而产生，是维护国家稳定和发展的利剑，“忠于国家”的理念体现公安队伍的政治使命。讲清楚爱国主义的科学内涵、爱国主义的基本要求、爱国主义的时代价值，对新时期的爱国主义进行全面阐述，“热爱”是“忠诚”的前提，“爱国主义”是对“忠于国家”的理论铺垫。与此同时，思想政治理论课通过对改革开放以来伟大祖国在经济、政治、文化、社会、生态等方面的建设实践的宏大叙事，使“忠于国家”具有了厚重的现实依据。

“忠于人民”是教育预备警员把维护人民群众的生命财产安全、保障人民群众安居乐业作为警务工作的出发点和落脚点，成为人民的忠诚卫士。思想政治理论课从历史唯物主义的学理层面论证了“人民警察的权力来自人民”的理论基础：人民群众既是社会物质财富的创造者，又是社会精神财富的创造者，是社会变革的决定力量，因此人民群众是历史的创造者，更是人民警察权力的赋予者。这就要求我们坚持马克思主义群众观点，贯彻党的群众路线，践行“全心全意为人民服务”的宗旨。积极开展群众观点和群众路线的教育，为形成和坚定“忠于人民”的信念、增强学员的宗旨观念和公仆意识夯实理论基础。

“忠于法律”是教育预备警员在未来的警务实践中毫不动摇地按照法律的要求行事，不徇私枉法、不以情代法，使执法行为始终以法律为准则。“忠于法律”是人民警察的职业操守。习近平总书记强调：“执法者必须忠于法律。”思想政治理论课站在中国特色社会主义建设战略布局的高度，系统介绍全面依法治国战略，更通过《思想道德修养与法律基础》课程的法律基础部分，向广大学员介绍中国特色社会主义法律体系，增强社会主义法律意识，不断增强建设社会主义法治国家的责任感、使命感；树立法律观念和法治意识，自觉奉行法律至上，培育学员的法律观念、法治思维，维护法律权威，提升法律素质。这些为“为什么要忠于法律”作了充分的理论铺垫，为严格公正文明执法奠定了坚实的基础。

二、服务人民的宗旨认同

服务人民是公安工作的根本宗旨。对服务人民的“宗旨认同”本质上是由我国国体和政体决定的，我国的国体是工人阶级领导的，以工农联盟为基础的人民民主专政的社会主义国家，政体是全国人民代表大会制度，国体和政体均体现了人民当家作主这一实质。

中国共产党人的初心和使命，就是为中国人民谋幸福，为中华民族谋复兴。习近平总书记在党的十九大报告中明确指出：“人民是历史的创造者，是决定党和国家前途命运的根本力量。必须坚持人民主体地位，坚持立党为公、执政为民，践行全心全意为人民服务的根本宗旨，把党的群众路线贯彻到治国理政全部活动之中，把人民对美好生活的向往作为奋斗目标，依靠人民创造历史伟业。”我国是工人阶级领导的、以工农联盟为基础的人民民主专政的社会主义国家，国家的一切权力属于人民；发展社会主义民主政治就是要体现人民意志、保障人民权益、激发人民创造活力，用制度体系保证人民当家作主。社会主义现代化社会必然是一个具有人民主体性的社会，是以增进人民福祉、促进人的全面发展为出发点和落脚点的现代化社会。在全面推进依法治国基本方略的进程中，必须坚持以人民为中心的发展思想，坚持依法治国、依法执政、依法行政共同推进，坚持法治国家、法治政府、法治社会一体建设,始终把人民利益摆在至高无上的地位,不断满足人民日益增长的美好生活需要,不断促进社会公平正义,形成有效的社会治理、良好的社会秩序,让改革发展成果更多更公平地惠及全体人民,使人民获得感、幸福感、安全感更加充实、更有保障、更可持续,朝着实现全体人民共同富裕的方向不断前进。这是中国特色社会主义法律体系、法治理论、法治体系的共同遵循,是新时代社会主义现代化国家实现良法善治的必由之路。

习近平总书记指出,人民对美好生活的向往就是党的奋斗目标。人民性就是政治性,公安机关讲政治,必须密切联系公安工作实际,铸牢宗旨意识,提升服务能力。公安机关要积极适应人民群众对社会公共安全的新要求,积极适应人民群众对高品质公共服务的新需求。

坚持以人民为中心的法治理念对立法、执法、司法提出了更高要求。当前,我国社会主要矛盾由“人民日益增长的物质文化需要同落后的社会生产之间的矛盾”转化为“人民日益增长的美好生活需要和不平衡不充分的发展之间的矛盾”,针对这一历史性转变,国家法治化建设应当予以回应。在立法层面,应当推进科学立法、民主立法、依法立法,以良法促进发展保障善治;恪守以民为本、立法为民理念,使每一项立法都符合宪法精神、反映人民意志、得到人民拥护。在执法层面,要进一步强化法治统一和法律实施,推进“放管服”改革,严格规范执法,确保公正、文明、高效、廉洁。在司法层面,深化司法体制综合配套改革,全面落实司法责任制,努力让人民群众在每一个司法案件中均感受到公平正义。在社会治理层面,进一步提高社会治理社会化、法治化、智能化、专业化水平;加强预防和化解社会矛盾机制建设,正确处理人民内部矛盾;加快社会治安防控体系建设,依法打击和惩治黄赌毒黑拐骗等违法犯罪活动,保护人民人身权、财产权、人格权。

2017 年 12 月,云南楚雄东城派出所值班民警脱下警服用身体为孩子取暖的照片让人感动;安徽淮南某路段路灯由于施工断电,路面漆黑,民警发现一位老人因看不清路步履蹒跚,便提出送她回家。老人执意要自己走,民警开车相随,用车灯照亮老人回家的路。这样的小事每天都在发生,普通民警的行为折射的是公安队伍对人民深沉的爱,而这种情感源于对自己民族和文化的认同。“警即是民,民即是警”“人民警察来自人民”,对人民的认同就是对公安队伍本身的认同。

三、执法公正的价值认同

党的十九大报告指出,全面依法治国是国家治理的一场深刻革命,必须厉行法治,推进科学立法、严格执法、公正司法、全民守法。执法公正是全面推进依法治国的基本要求,是推进法治中国建设、维护社会公平正义的客观要求,是公安机关执法活动必须始终坚守的核心价值追求,是提升执法公信力的重要途径。实行依法治国,必须坚持有法可依、有法必依、执法必严、违法必究的基本原则。人民警察只有依法行政,维护公平正义,确保法律严格执行,才能保证党和国家依法治国基本方略的实现。公平正义是衡量一个国家或社会文明发展的标准,也是我国构建社会主义和谐社会的重要特征之一。社会有正气,民族才会生生不息,国家才会兴旺发达。

人民警察的公正观,涉及警察权力、警察制度、警察执法行为等方面,要求警察个体道德中应具有公正的价值判断、价值选择与价值追求。其中执法公正是核心表现。公正的实现,前提需要有公正的制度保障人人平等参与的权利,过程需要有公正的参与规则保障平等权利的实现,最终同样需要公正的调适原则保障实质结果的公正,即保证每个人"得其应得"。公正的实现过程本身就是在创造价值,这种价值就是公正本身。人民警察制度的建立、警察权力的来源、警察执法过程、人民警察个体道德,可以说关于人民警察制度及其权力运行的一切范畴都蕴涵着对于公正问题的探讨。警察制度的设立初衷就是保障一切公民的平等权利;警察权力的正当性体现为其权力来源于公民权利又要服务于公民权利,同时还要受到公民权利的合法限制;警察执法要做到法律面前人人平等,惩恶扬善,使人各得其所;警察个体道德的重要要求是秉公执法。

"公正"是人民警察的神圣职责。公正是为了保证每个人在社会上的合法地位和平等权利。如果警察在执法过程中不公正,甚至徇私舞弊,势必会在社会中产生消极影响,影响警察群体的形象。习近平总书记指出,促进社会公平正义是政法工作的核心价值追求。从一定意义上说,公平正义是政法工作的生命线,司法机关是维护社会公平正义的最后一道防线。作为人民警察,必须正确对待权力,维护执法公信力,依法履行职责,秉公执法办事,维护社会公平正义。这是人民警察的基本行为准则和执法思想核心,也是决定人民警察核心价值观的法律精神,它由精湛的法律素养、良好的个人修养构成。

执法公正是其他方面的公正实现的重要基础。首先,从公正的实现基础来看,公正本身是一种价值,这种价值不会天然产生,一定是在某种价值实践活动中产生的。警察执法活动就是价值实践活动,警察制度与警察权力价值的实现要依靠于警务实践活动,警察执法活动是重要的警务实践活动。其次,从公正的实现过程来看,前提、过程与结果均要体现公平正义,在警务活动中,社会正义的弘扬、公民平等权利的保障与实现、不公正行为的法律调适,等等,警察执法活动均要贯穿于始终。警务关系或警务活动中的公平正义都是通过警察执法活动实现的。再次,从警察制度范畴的各自关系来看,警察制度、警察权力、警察个体道德的公正价值也同样是通过警察执法公正实现的。警察制度的公正与警察权力的公正是静态的形式上的公正,警察执法公正是动态的实质上的公正。警察制度的公正理念需要警察制度的执行者在执法过程中站在公正的立场上，运用合乎理性的手段，通过一定的理性认知，在执法过程中采取公开、公正的方法，实现警察执法结果的正义，如此警察制度的公正才可能得到实现。没有警察执法公正，警察制度与警察权力的公正无从实现；没有警察执法公正，警察个体道德的公正也只是理论与口头上的公正。

党的十九大指出，深化司法体制综合配套改革，全面落实司法责任制，努力让人民群众在每一个司法案件中感受到公平正义。执法公正包括实体公正和程序公正，两者是辩证统一的。坚持实体公正与程序公正相结合，既重视实体公正，又保证程序公正，是公安工作中应当着重把握的要求。实体公正是一种结果的公正，在事实清楚、证据充分的基础上对当事人的行为定性、处理、量罚方面要准确地适用法律的规定。程序公正是指人民警察在执法办案的过程中严格按照法律规定的程序执法，即过程公正。目前，还存在一定程度上"重实体轻程序"的观念和做法，不仅达不到实体公正，还导致了部分冤假错案的发生，损害了法律的权威和公安机关的形象。

公安干警必须切实提高程序意识，严格遵守法定程序，有效保证执法公正。为维护程序公正的严肃性，必须加强对违反程序规定行为的监督、纠正、责任追究力度。其中包括对程序违法规定相应的程序性后果，确立疑罪从无、非法证据排除原则等。

四、纪律严明的纪律认同

公安机关要实现指挥畅通、内务规范、工作高效、保障有力的正规化建设目标，就必须在行为上具备高度的可靠性，要与预先制定的行动规范保持高度一致，这些预先制定的行动规范即公安民警要遵守的各项纪律，这些纪律不仅包括正式的文本制度，也包括组织运行过程中形成的惯例和习俗。纪律认同是指有关民警行为约束的规则、规范等客体要素，"嵌入"民警个体的心理结构中，从而实现对纪律的服从。韦伯认为秩序依靠官员的纪律（在日常行为领域勤恳服从的习惯），服从已经习以为常的规则。对纪律的认同，是一种规范认同和价值认同，也是一种群体认同，即民警认可自己所属的群体，遵循群体的规范。纪律是公安机关为维护其自身稳定、提升公安工作效率而制定的一套机制，以及广大民警对该机制的认可和服从。它在物质上表现为一系列协议、命令、条款，在精神上体现为全体民警对公安机关各项纪律的认可和服从。对于公安机关这样的组织来讲，纪律是执行路线、方针的保证。毛泽东同志说过："纪律是执行路线的保证。"只有严格遵守纪律，有铁的纪律作保障，警察才能有统一的思想和统一的行动，党的路线、方针和政策才能得到有效贯彻和执行。

马克斯·韦伯是这样界定纪律的:依据习惯,一个命令在特定的人群中得到立即的、自动的和刻板的服从的可能性。韦伯强调,所有纪律的一个有效因素,就是强制整合,即通过机械化的操练,将个人整合到无可逃脱、不可抗拒的机制之中。纪律认同是一种民警出于个体理性对于规则体系的认可与肯定,以及因此而产生的信任、拥护等心理;纪律也是一种服从趋向,即获得认同的规则对民警个体有道德定向作用,民警会选择服从纪律要求,以纪律所包含的规范约束自己的行为。因此,纪律认同是基于民警的主体性地位和自主选择前提下的自愿服从,是基于内心的信念和理性的选择。

公安机关初创时期的人民公安在体制编制、制服帽徽、内务管理等方面均广泛学习借鉴了人民军队建设的经验。① 因而,具有纪律部队的优良传统。警察是武装性质的国家治安行政力量,有高度的组织纪律性。警察和军人的性质相似,以服从命令、严守纪律为天职,这是其他普通职业所不具备的特征。1958 年第九次全国公安会议颁布的《公安人员八大纪律十项注意》,成为人民警察共同遵守的基本行为准则。公安部 1983 年第一次提出"从严治警",1984 年第五次全国公安政治工作会议把"从严治警"作为公安队伍建设的基本方针,从严治警即"严格教育、严格训练、严格管理、严格监督、严格纪律"("五严"要求)。2010 年颁布的《公安机关人民警察纪律条令》,以规章制度的形式明确了对人民警察的纪律要求。还有自 2013 年 1 月 1 日起施行的《公安机关执法公开规定》、2014 年新修订的《公安机关人民警察训练条令》、自 2016 年 7 月 1 日起施行的《公安机关现场执法视音频记录工作规定》等,是对公安民警更为细致的纪律要求。

"四句话、十六字"总要求一以贯之地要求公安队伍要"纪律严明"。打造"铁的纪律"一直是公安队伍建设的基本要求,因而民警对于纪律的认同具有历史渊源。在日常管理中,也要通过纪律监督强化民警对纪律的认同。加强作风建设,完善反腐制度体系,突出"关键少数",加强警示教育,严明铁规禁令,严格行为规范,强化监督制约,落实巡视巡察制度,对民警违法违纪问题依规查处。

五、警务实践教学活动

坚持政治理论教育和实践教育相结合是加强和改进大学生思想政治教育的基本原则。公安院校思想政治理论课的课堂教学通过进行马克思主义信仰教育、中国特色社会主义道路自信教育、共产主义理想信念教育,使广大学生明确政治方向、坚定政治立场、增强政治鉴别力,在为忠诚教育奠定理论基础的同时,还通过多

① 赵炜:《公安机关正规化建设论纲》,《公安教育》2013 年第 8 期。

种教学手段和方式培育忠诚信念。在具体的课堂教学中，将讲述主题与未来职业生活融合，使学员备受情感浸润，培育忠诚情感；打造特定的警营生活情境，使学员深入理解教授内容，强化忠诚意识；通过与学员开展充分的互动，发挥他们的主观能动性，坚定忠诚信念。

与课堂教学相比，公安院校思想政治理论课的实践教学，具有开放性、参与性、社会性、实战性等突出特点，是加强理论联系实际、推进公安职业道德教育的重要环节。一方面，通过开展职业教育为主题的演讲、辩论、报告等校内实践活动，强化学员的公安职业意识。演讲、辩论、主题报告等是思想政治理论课常见的校内实践教学形式，可以让广大学员在教师指导下，在自主学习中，提升责任感和使命感，而这些都必将强化预备警员的职业意识。另一方面，通过联合学员的警务工作社会实践，将职业信仰转化为职业行为。公安院校具有丰富的实训教学资源，如假期专业实训、毕业专业实习、大型安保活动等，都是思想政治理论课校外实践教学活动的重要载体。学员从课堂走向警务实战，从课本走向公安一线，通过带队民警和指导教师的引导，以及亲身实践、学习与总结，加深对职业道德内涵的认知，学员在执勤、处理纠纷、维护社会治安等实践活动中，在公安民警的示范带头、言传身教下，培养吃苦耐劳、任劳任怨、无私奉献的工作作风，以及严格执法、不徇私情、清正廉明、忠于职守、为人民服务的职业道德，不断提升责任感、正义感、荣誉感和使命感，这些都是职业信念在现实警务工作中的具体体现。

主要参考文献

[1] 中共中央马克思恩格斯列宁斯大林著作编译局. 马克思恩格斯选集[M]. 北京:人民出版社,1995.

[2] 毛泽东. 毛泽东选集[M]. 北京:人民出版社,1991.

[3] 邓小平. 邓小平文选[M]. 北京:人民出版社,1993.

[4] 胡锦涛. 坚定不移沿着中国特色社会主义道路前进为全面建成小康社会而奋斗[M]. 北京:人民出版社,2012.

[5] 习近平. 在庆祝中国共产党成立 95 周年大会上的讲话[M]. 北京:人民出版社,2016.

[6] 中共中央关于全面推进依法治国若干重大问题的决定[M]. 北京:人民出版社,2014.

[7] 中共中央党史研究室. 中国共产党历史第一卷(上、下)[M]. 北京:中共党史出版社,2011.

[8] 中共中央文献研究室. 建国以来重要文献选编第一册[M]. 北京:中央文献出版社. 1992.

[9] 中共中央文献研究室. 建国以来重要文献选编第七册[M]. 北京:中央文献出版社,1993.

[10] 中共中央文献研究室. 十六大以来重要文献选编(上、中)[M]. 北京:中央文献出版社,2005.

[11] 中共中央文献研究室. 习近平关于实现中华民族伟大复兴的中国梦论述摘编[M]. 北京:中央文献出版社,2013.

[12] 共青团中央,中共中央文献研究室. 毛泽东邓小平江泽民论青少年和青少年工作[M]. 北京:中央文献出版社、中国青年出版社,2000.

[13] 中央教育科学研究所. 中华人民共和国教育大事记(1949—1982)[M]. 北京:教育科学出版社,1984.

[14] 教育部思想政治工作司. 加强和改进大学生思想政治教育重要文献选编(1978—2008)[M]. 北京:中国人民大学出版社,2008.

[15] 教育部社会科学司. 普通高校思想政治理论课文献选编(1949—2006)[M]. 北京:中国人民大学出版社,2007.

[16]《中国教育年鉴》编辑部. 中国教育年鉴（1949—1981）[M]. 北京:中国大百科全书出版社,1984.
[17] 全国普通高校“两课”教育教学调研工作领导小组. 普通高校思想政治教育课程文献选编（1949—2003）[M]. 北京:中国人民大学出版社,2003.
[18] 张耀灿. 中国共产党思想政治教育史论[M]. 北京:高等教育出版社,2006.
[19] 张蔚萍. 中国共产党思想政治工作发展史[M]. 北京:中共党史出版社,2004.
[20] 刘建军. 中国共产党思想政治教育的理论与实践[M]. 北京:中国人民大学出版社,2008.
[21] 陈秉公. 思想政治教育学原理[M]. 沈阳:辽宁人民出版社,2001.
[22] 吴潜涛,徐柏才,阎占定. 高校思想政治教育的理论与实践[M]. 北京:人民出版社,2012.
[23] 徐锋. 新中国大学生思想政治教育研究[M]. 北京:人民出版社,2013.
[24] 郑永廷,徐建军. 大学生思想政治教育理论与实践[M]. 北京:高等教育出版社,2009.
[25] 王树荫. 中国共产党思想政治教育史[M]. 北京:中国人民大学出版社,2011.
[26] 李德芳,李辽宁,杨素稳. 中国共产党思想政治教育史料选编[M]. 武汉:武汉大学出版社,2009.
[27] 张耀灿,郑永廷,吴潜涛,骆郁廷,等. 现代思想政治教育学[M]. 北京:人民出版社,2006.
[28] 郑永廷. 思想政治教育方法论[M]. 北京:高等教育出版社,1999.
[29] 董娅. 当代思想政治教育方法发展新论[M]. 北京:中国社会科学出版社,2012.
[30] 黄书光. 变革与创新:中国中小学德育演进的文化审视[M]. 济南:山东教育出版社,2007.
[31] 熊明安. 中国高等教育史[M]. 重庆:重庆出版社,1988.
[32] 王炳照,等. 简明中国教育史[M]. 北京:北京师范大学出版社,2007.
[33] 余立. 中国高等教育史下册[M]. 上海:华东师范大学出版社,1994.
[34] 潘懋元. 新编高等教育学[M]. 北京:北京师范大学出版社,2009.
[35] 郝维谦,龙正中. 高等教育史[M]. 海口:海南出版社,2000.
[36] 顾明远,张厚粲. 20 世纪中国学术大典 · 教育学 心理学[M]. 福州:福建教育出版社,2012.
[37] 张增杰. 论大学生心理[M]. 重庆:西南师范大学出版社,1985.
[38] 黄希庭,徐凤姝. 大学生心理学[M]. 上海:上海人民出版社,2000.
[39] 安树芬,彭诗琅. 中华教育通史第十四卷[M]. 北京:京华出版社,2010.

[40] 曲士培.抗日战争时期解放区高等教育[M].北京:北京大学出版社,2005.
[41] 陆庆壬.思想政治教育学原理[M].上海:复旦大学出版社,1986.
[42] 陈万柏.思想政治教育载体论[M].武汉:湖北人民出版社,2003.
[43] 沈壮海.思想政治教育有效性研究[M].武汉:武汉大学出版社,2001.
[44] 邱伟光.思想政治教育学概论[M].天津:天津人民出版社,1988.
[45] 沈壮海,王培刚,段立国,等.中国大学生思想政治教育发展报告2014[M].北京:北京师范大学出版社,2015.
[46] 王敏.思想政治教育接受论[M].武汉:湖北人民出版社,2002.
[47] 维克托·迈尔-舍恩伯格,肯尼思·库克耶.大数据时代:生活、工作与思维的大变革[M].盛杨燕,周涛,译.杭州:浙江人民出版社,2013.
[48] 包雅玮,刘爱莲.论儒家德治思想与高校思想政治教育工作的创新[J].科学社会主义,2014(4):115-118.
[49] 包雅玮,洪林.以社会主义核心价值体系引领人才培养模式创新[J].继续教育研究,2013(12):125-127.
[50] 包雅玮,宋长春.大学生践行社会主义核心价值体系的路径新探[J].江苏高教,2014(1):143-144.
[51] 曹挹芬,胡凯.突出思政课在核心价值观培育中的重要作用[J].中国高等教育,2016 (2):44-46.
[52] 陈捷.试论高校学生党建与大学生思想政治教育的有效衔接[J].思想理论教育导刊,2012(10):83-86.
[53] 陈萌,姚小玲.高校学生党建与思想政治教育协同融合的理论与策略分析[J].学生党建与思想教育,2013(7):54-56.

后　　记

本书是我2018年承担的河北省社会科学基金项目的研究成果，项目编号为HB18MK033。2017年5月19日，习近平总书记在全国公安系统英雄模范立功集体表彰大会上发表重要讲话，提出的“对党忠诚、服务人民、执法公正、纪律严明”的“四句话，十六字”总要求，为加强新时代公安工作和公安队伍建设提供了根本遵循、指明了前进方向。公安院校学生是未来公安队伍的生力军，目前全国公安院校共有36所，在校生13万余人，这些“95后”新生代喜欢新事物、追求新潮流，具有鲜明的时代特征，因此在普通高校思想政治教育基础之上更加严格、审慎地进行人民警察思想政治教育，构建和公安队伍密切衔接的公安院校思想政治教育方法体系，是公安院校在人才培养中必须完成的任务。

在本书的编写过程中，我参考了国内相关教材、著作和论文资料，采用了很多已经发表的领导讲话，征求了基层公安民警的意见，并进行了相应修改，在此表示衷心的感谢。由于作者水平有限，错误和不妥之处敬请读者批评指正。

赵　炜

2019年1月13日